48
JB 969

ESSAIS

DE POLITIQUE ET DE MORALE.

IV.ᵉ ESSAI.

DES CAUSES DES RÉVOLUTIONS ;

Par M. de Fondeville,

Membre du Conseil général du département des Hautes-Pyrénées.

TARBES,

Raymond LAGARRIGUE, Imprimeur de la Préfecture. --- 1817.

AVANT-PROPOS.

LE Lecteur d'un écrit politique désire de savoir ce qu'était l'auteur avant la révolution, ce qu'il a été et ce qu'il a fait pendant la révolution. Je vais donner ces informations le plus simplement possible.

Avant la révolution, j'étais ce que j'ai été pendant la révolution et ce que je suis, un simple particulier jouissant d'une fortune honnête, sans fonctions publiques et sans ambition.

Je portai dans les assemblées bailliagères de la noblesse, les principes de la constitution anglaise ; et comme ils y furent peu favorablement reçus, je consignai, dans un acte public chez un notaire, les opinions que j'avais émises.

Cette précaution paraîtra singulière ; elle avait plusieurs motifs, mais sur-tout celui que mes opinions ne pussent pas un jour être dé-naturées.

J'ai vu, avec beaucoup de peine, les pre-mières démarches de l'assemblée constituante, et j'ai écrit à plusieurs membres de cette as-semblée pour leur prouver la nécessité de la division de la puissance législative, et le danger de la concentrer dans une assemblée indivise.

Honoré de la commission du Roi pour or-ganiser les assemblées primaires et le corps électoral en 1790, j'y employai tout mon zèle, et je fus nommé membre du conseil général du département.

Au mois de septembre 1792, je fis ma dé-mission en séance publique, *fondée sur ma fi-délité inviolable pour le Roi.* Je l'écrivis ainsi au corps électoral assemblé pour envoyer des députés à la convention. Je me retirai à la cam-pagne, que je n'ai plus quittée.

La fixité de mes principes, que je n'ai ja-mais dissimulés, et ma franchise, ont peut-être été ma sauvegarde et mon salut dans les orages révolutionnaires.

Après avoir passé dix ans dans la retraite et les alarmes, Bonaparte, consul, est venu me délivrer de la loi des otages et de ma part de dix-sept mille francs à un emprunt forcé ; je n'ai pas cru lui en devoir de la reconnaissance.

J'ai prêté serment de fidélité au consul et à l'empereur, parce qu'il faut le prêter au gouvernement établi, ou quitter un pays pour aller dans un autre, où ce serment serait encore exigé. Un tel serment est négatif ; il oblige à ne pas troubler l'ordre établi.

Si l'empereur m'eût demandé compte de mes principes, je les eusse aussi peu dissimulés dans ma réponse, que je les ai peu dissimulés avec mes concitoyens.

J'ai été rappelé au conseil général en 1802, et j'ai encore l'honneur d'en être membre.

A la première lueur d'espérance de voir reparaître le véritable maître de la maison, je me suis cru délié du serment de fidélité envers le voleur qui s'en était emparé, et j'ai cru que le devoir et le véritable honneur fesaient renaître avec plus de force que jamais, les premiers sermens de fidélité au souverain légitime. Ceux-ci ne sont pas négatifs ; ils sont d'affection et de devoir positif.

Je l'ai écrit dans ces mêmes termes à M. d'Arbaud, préfet, en ajoutant : « Un Prince » français, un Bourbon ne peut être avec nos » ennemis ; les Anglais sont nos amis ; notre » ennemi c'est Bonaparte ».

Ma conduite a toujours été en harmonie avec mes principes. Je puis obéir à tous les gouvernemens ; je ne puis en aimer qu'un, celui du souverain légitime, qui fera le bonheur de mon pays.

Rien ne peut opérer le moindre changement à mes principes et à ma conduite : *nec civium ardor prava jubentium , nec vultus rustantis tiranni.*

Cette ténacité est justifiée par la charte.

Nul sentiment condamnable n'a jamais terni la pureté des principes qui dirigeront toujours ma conduite.

Il m'est arrivé quelquefois de contribuer au maintien de l'ordre public, ce qui jamais n'a été bien difficile dans le département des Hautes-Pyrénées.

Montaigne, dans ses essais, a dit : « Tenons-nous toujours près de la raison ; que » l'approbation nous suive par-là si elle veut ».

Il peut échapper à un écrivain quelqu'expression qui pourrait être mal interprétée ; mais la justice veut qu'on l'interprète par l'intention qui se montre dans l'ensemble d'un écrit : *la lettre tue, l'esprit vivifie.*

ESSAIS

DE POLITIQUE ET DE MORALE.

IV.ᵉ ESSAI.

DES CAUSES DES RÉVOLUTIONS ;

Par M. de Fondeville,
Membre du Conseil général des Hautes-Pyrénées.

« I justi non si sono intesi.
» Superbia, invidia, avarisia,
» Sono le tre faville
» C'hanno i cuori accessi. »
Enfer du Dante.

*Les justes ne se sont pas entendus. L'orgueil,
l'avarice, l'envie, ont enflammé les cœurs.*

CHAPITRE Iᵉʳ.

« Il y a des causes générales , soit morales , soit
» physiques , qui agissent dans chaque monarchie,
» l'élèvent , la maintiennent ou la précipitent.» (1)
Il faut chercher ces causes générales dans l'his-

---

(1) Montesquieu.

toire des passions humaines , et celle-ci dans l'histoire de tous les peuples.

La première cause des révolutions est dans la nature des choses humaines : au lieu de s'étonner de leur instabilité , c'est leur permanence qui serait surprenante ; rien n'est stationnaire dans la nature , tout est en mouvement ; les révolutions y sont continuelles , la matière y change de forme à chaque instant ; un monde a été enseveli dans les flots , un autre est sorti du sein des eaux ; les révolutions sont dans l'ordre éternel de la providence , les corps politiques sont assujettis à ses lois, comme les corps physiques.

Montesquieu a dit que ces causes générales agissent dans chaque monarchie ; il eût pu dire dans chaque gouvernement , quelle qu'en soit la forme.

Omnia quœ orta occidunt , quœ aucta senescunt : toutes les choses qui ont commencé finissent , toutes celles qui ont eu un accroissement vieillissent et décroissent.

Bornons-nous à considérer les révolutions dans les corps politiques , et cherchons à découvrir quelles en ont été les causes. Si les mêmes causes ont toujours produit les révolutions, pourquoi chercher les causes de ce qui se passe sous nos yeux ailleurs que dans l'histoire de ce qui s'est passé dans tous les temps ?

L'ordre éternel de la nature est que toutes choses ont un commencement faible ; elles prennent de l'accroissement , elles arrivent à un certain degré d'élévation , qui est suivi de la décadence plus ou moins rapide.

Cette règle générale s'applique à tous les corps politiques , république ou monarchie , comme à toutes les choses créées.

Une autre loi générale de la nature, est que plus l'accroissement est rapide, moins on doit compter sur la durée, et plus rapide est la décadence.

Les commencemens de la république romaine furent très-faibles , l'accroissement très-lent, sa durée très-longue ; elle s'éleva lentement à la plus grande hauteur, puisqu'elle conquit le monde ; elle déclina si lentement , qu'après avoir duré 700 ans comme république , elle dura encore cinq cents ans comme empire, tant était large et solide la base de sa grandeur ; il semblait qu'elle fût indestructible. Nous en admirons encore les débris. Nous sommes régis par les lois romaines , il n'est encore question que des Romains, et peut-être le souvenir de leur gloire, et surtout celui de leurs vertus , durera autant que le monde que nous habitons.

Alexandre fait la conquête d'une grande partie du monde ; à sa mort, son empire tombe en débris.

Les successeurs de Mahomet partent de l'Arabie, parcourent en conquérans toute l'Asie , ils deviennent les maîtres de l'Afrique d'où ils passent en Europe qu'ils eussent également conquise si la base de leur grandeur eût été plus solide , et si des causes générales ne se fussent opposées à un plus haut degré d'élévation que celui auquel ils étaient parvenus l'accroissement avait été successif, la décadence a été successive aussi.

Gengiscan et Tamerlan parcourent l'Asie en dévastateurs, et font trembler l'Europe ; après eux il ne reste que le souvenir des dévastations.

Charlemagne a à peine fermé les yeux, que l'empire qu'il a élevé s'écroule de toutes parts.

Bonaparte, ou pour mieux dire les Français, ont élevé un empire immense dans l'espace de dix ou douze ans ; cet empire n'est plus, c'était un édifice sans fondement.

Sur les débris de l'empire romain, il s'est formé beaucoup de monarchies et quelques républiques.

Chacun de ces gouvernemens a eu son commencement, son accroissement ; il est donné à chacun d'avoir une durée proportionnée à sa base, c'est-à-dire à la bonté de son institution.

Voyons dans l'histoire, quelles sont les lois générales par lesquelles la providence gouverne les choses humaines et régit les corps politiques, les établit, les élève, les conserve et les précipite.

St. Augustin dit « que Dieu donna aux Romains » l'empire du monde, parce qu'ils étaient les hom- » mes les plus vertueux qu'il y eût sur la terre. (1)

Ils eurent plus de peine à conquérir l'Italie, ils y employèrent beaucoup plus de temps, qu'il ne leur en coûta après pour devenir les maîtres du monde connu.

____

(1) Dans la Cité de Dieu.

Ces travaux, ces difficultés exigèrent toutes leurs vertus, et les conservèrent. Après la conquête de l'Italie, Carthage leur offrit de nouveaux travaux, de nouvelles difficultés ; mais aussitôt qu'ils furent parvenus au degré d'élévation que leur donna la ruine de Carthage, c'en fut fait de la république romaine ; ce fut le commencement de la décadence. On peut en voir les causes dans l'histoire de cette république, et sur-tout dans celle de Jugurta par Saluste.

Les Barbares qui ont établi les monarchies modernes, n'étaient pas des publicistes ; ils mêlèrent leurs lois toutes sauvages, avec les lois romaines qu'ils trouvèrent établies. Ce n'était pas des peuples, mais des peuplades ; ils étaient militaires et libres, sans être citoyens ; cependant les gouvernemens qu'ils établirent prirent de la consistance, par ce mélange des lois des vaincus et des vainqueurs, c'est-à-dire des Romains et des Barbares ; mais surtout par les mœurs sévères de ces peuples nouveaux ; car *les peuples corrompus n'établissent pas des gouvernemens.* (1) Les Gaulois, les Espagnols, les Italiens, devenus des Romains corrompus, n'auraient pas établi des gouvernemens.

Il fallait des peuples nouveaux, étrangers au luxe, à la mollesse, et même aux commodités de la vie. Voyez ce qu'étaient ces nouveaux institu-

______

(1) Montesquieu.

teurs de gouvernemens , dans l'introduction admirable de l'histoire de Charles-Quint, par Roberson.

Ces sauvages méprisent les lettres, les sciences, les arts ; ils en détruisent par-tout les monumens ; ils en laissent à peine des vestiges ; la guerre et les fatigues ont seules des charmes pour eux ; ils établiront des gouvernemens sur des bases plus ou moins solides, parce qu'ils les établiront sur des mœurs sévères.

C'est dans l'histoire des gouvernemens établis par ces barbares, qu'il faut chercher les causes générales de leur prospérité , de leur décadence, des révolutions qui leur sont arrivées et de celles qui doivent encore leur arriver ; il faudrait les suivre dans toutes les parties de l'Europe ; leurs institutions ont par-tout même origine , même principe.

Le gouvernement français est le premier qui a pris de la consistance.

L'Allemagne et l'Angleterre étaient encore peuplées de sauvages au temps de Charlemagne, c'est-à-dire quatre siècles après l'établissement du gouvernement français. Mais il ne faut pas croire que ces quatre siècles se soient écoulés sans révolutions ; au contraire, le gouvernement n'a marché que par révolutions.

L'Espagne devient la conquête des Arabes ; elle se retrempe dans les malheurs : une poignée d'Espagnols réfugiés dans les montagnes , disputent pendant des siècles leur pays aux conquérans ; les travaux et les difficultés forment un caractère national ; ils chassent les conquérans ; et lorsqu'ils n'ont plus ces travaux et ces difficultés qui tiennent les vertus en haleine, leur décadence commence.

Les Barbares s'établissent en Italie ; mais cette belle contrée se divise aussi en petites républiques toujours en guerre au dedans et au dehors.

Il est impossible d'assigner un principe, une base aux divers gouvernemens établis dans l'Europe pendant les premiers siècles de la chute de l'empire romain, autres que la force et la violence.

Le gouvernement de la France jusques à Charlemagne, ne connaît aucun ordre fixe, aucune règle ; la force et la violence remplacent toutes les lois ; on ne sait si la couronne est héréditaire, élective ou patrimoniale ; les princes se partagent le royaume, ils se disputent les parts, ils s'assassinent, ils sont détrônés, ils remontent sur le trône : ce n'est qu'une effroyable anarchie.

La France est divisée en plusieurs royaumes. L'histoire ne présente que des guerres entre ces rois, des trahisons, des assassinats, des empoisonnemens, des révoltes, des usurpations. Les derniers rois de cette première race sont connus sous le nom de fainéans. Les hommes qui avaient quelque puissance, ou ceux à qui avait été confiée quelque partie du pouvoir public, s'étaient emparés de presque toute la France, et s'en étaient partagés la souveraineté. Il ne restait plus que des fantômes de rois, gouvernés dans chacun de leurs royaumes par les maires du palais.

Il en est des dynasties comme des empires : les vertus qui font acquérir et qui font conserver se perdent, les dynasties périssent.

Les maires du palais, qui étaient les véritables rois sous le nom des rois fainéans, finissent par déclarer l'usurpation. Un grand homme, successeur d'un de ces maires, fait cesser l'anarchie ; il donne un principe et une forme au gouvernement. Mais après lui, tout ce qu'il a fait est détruit, oublié, et la seconde race s'anéantit dans les mêmes désordres que la première. L'histoire ne présente que les mêmes scènes ; on s'en est reposé un instant sous le règne de Charlemagne.

Le plus puissant des Français s'empare du trône, mais non de la puissance publique ; elle n'existe plus, elle devient le partage de tous ceux qui peuvent s'emparer de quelque partie de la souveraineté depuis long-temps morcelée.

La France avait un roi, mais chaque province en avait un aussi ; enfin chaque hameau en eut un qui levait des impôts, battait monnaie, avait des soldats, faisait la guerre à ses voisins et au roi.

Le droit des guerres particulières n'a cessé qu'au règne de Philippe V, au commencement du 14.ᵉ siècle.

Point d'industrie, point de commerce ; des droits à payer à chaque pas à des milliers de souverains ; point de justice, point de police ; nulle autre loi que le droit du fort contre le faible, la France inculte un désert : tel est le tableau de ce beau pays pen-

dant

dant une longue suite de siècles. Eh ! comment pouvait-il en être autrement , lorsque la puissance publique n'existait point , et qu'elle était en dispute entre un si grand nombre de souverains ?

Quelques misérables attachés à la glèbe, tantôt cultivateurs des champs dont ils n'étaient pas propriétaires , et tantôt soldats pour dévaster les champs voisins, formaient la masse du peuple français ; et cette anarchie fut appelée le gouvernement féodal, dont le nom même ne fut jamais connu de l'antiquité, plus heureuse, plus éclairée et plus sage.

Quelques hommes échappés à l'esclavage de la glèbe, se réunissent pour se protéger par leur réunion ; ils s'enferment dans des murailles pour leur défense : tel est le commencement des villes et l'origine des communes , dont la destinée est de rétablir avec le temps la puissance publique , l'autorité royale et les lois.

Elles acquirent des priviléges , et peu à peu il s'établit une police municipale qui commence à donner la première idée d'un ordre public.

La folie des croisades , suite en quelque sorte nécessaire de cet esprit de turbulence et de violence qui conservait les guerres continuelles dans toutes les parties de l'Europe , va lui donner quelques momens de calme. Cette population guerrière se précipite sur l'Asie, et va y périr par la mésintelligence, les débauches et la misère : tels les vents du midi transportent quelquefois d'immenses armées de sauterelles qui vont ravager des contrées et s'y ensevelir.

Cette folie fit une révolution. Elle fut utile à l'Europe : elle lui donna du calme, lui fit connaître quelques bienfaits de la paix ; les villes s'accrurent et se multiplièrent, le gouvernement féodal fut considérablement affaibli, la puissance publique ou royale considérablement accrue. Il se forma ce qu'on a appelé un tiers-état ; il sortit du gouvernement féodal un gouvernement royal ; avec une représentation nationale, qui fut la base du gouvernement monarchique. Montesquieu dit *qu'il a été trouvé dans les bois.* Le principe en a été trouvé parmi les sauvages habitans des forêts de la Germanie, d'où sont sortis tous les fondateurs des Etats modernes.

Cependant tout le quatorzième siècle n'offre encore que des révoltes des grands vassaux, des séditions dans les provinces, des révoltes à Paris ; la licence des gens de guerre, la jacquerie ; des guerres malheureuses au dedans et au dehors, des états-généraux qui ne font qu'accroître les troubles ; une administration sans règle et sans principe, l'altération continuelle des monnaies ; des factions toujours renaissantes ; un massacre général à Paris : « Les anciens Saxons, dit Millot dans son abrégé, » n'auraient pas fait plus de mal dans une ville » prise d'assaut. Le bourreau était le chef de la » populace ; on vit le duc de Bourgogne lui donner. » la main en signe d'amitié. »

Si par intervalles il paraît quelque grand prince, c'est comme un météore au milieu des orages ; mais il ne peut changer ni l'esprit de son siècle, ni l'ignorance et la barbarie qui ont formé les habitudes et les mœurs.

L'Europe entière était dans la même situation que la France.

On arrive, au travers de désordres continuels, au règne de Charles - Quint et de François I.er, époque à laquelle semble recommencer la civilisation du monde, que les Barbares avaient entièrement fait oublier.

La découverte d'un monde nouveau est l'époque d'une révolution immense pour toute l'Europe ; elle a donné une telle activité à l'agriculture, au commerce, à l'industrie, qu'il n'y aura bientôt plus de puissance que celle qui vient des richesses.

Les peuples industrieux et commerçans seront les seuls puissans ; les autres s'anéantiront dans la misère et dans la faiblesse.

Il doit s'opérer dans l'Europe un changement total. La masse du peuple deviendra riche, et par conséquent puissante ; les lettres, les sciences, les arts reparaîtront ; la force, la puissance et les lumières se répandront dans la masse du peuple.

Parce que cette révolution n'aura pas lieu tout d'un coup, beaucoup de gens ne s'en apercevront point, et leurs idées même aujourd'hui se reporteront à des temps antérieurs.

Rien au monde n'est plus utile que l'étude de

l'histoire ; mais rien n'est aussi plus inutile lorsqu'on ne fait que surcharger sa mémoire de faits,
sans en étudier les conséquences : « Malheureuse
» mémoire, dit M. Daguesseau, qui fait qu'un
» homme n'est qu'un dictionnaire portatif. »

Les révolutions sont l'effet des lois de la nature,
qui régissent les corps physiques et politiques.

La bonne ou mauvaise, forte ou faible constitution de ces corps, détermine leur durée et le
degré de leur élevation.

Si la république romaine s'est élevée si haut et
si elle a tant duré, c'est parce qu'elle était fondée
sur la vertu publique et les vertus privées, c'était
là le principe de ce gouvernement.

On voit la cause générale de sa décadence et de
sa ruine, dans la corruption de son principe.

Il en est de même de tous les corps politiques,
de toutes les institutions.

Les gouvernemens des Barbares étaient tous fon-
dés sur la guerre, et cependant sur une liberté dé-
générant toujours en licence, violence et anarchie.

Je le répète, ils étaient libres sans être citoyens.
Ils ne connaissaient ni la liberté, ni la servitude ;
ils ne savaient jouir de la liberté, et n'auraient pu
souffrir la servitude. En nous jugeant impartiale-
ment, nous serons forcés d'avouer que nous tenons
encore beaucoup de ces premiers fondateurs.

Ce n'était que peu à peu que ces gouvernemens
pouvaient prendre une forme monarchique.

Ils ont pris cette forme, mais avec une tendance constante vers leur origine.

Nous avons vu partout la représentation nationale, les états-généraux, les cortès, les assemblées de notables, les états provinciaux, etc. etc. ; les diètes, les parlemens ; mais jamais rien de bien fixe, et sur-tout rien de stable.

C'est en Angleterre que la monarchie a d'abord pris une forme régulière. A travers une infinité de révolutions, la France lui a servi de modèle ; elle en a servi à presque tous les gouvernemens de l'Europe, et en servira peut-être encore.

Il y a donc une première cause générale qui agit lentement, imperceptiblement, mais sans discontinuer, sur les corps politiques, les élève, les abaisse ou les précipite ; et cette cause qui les abaisse ou les précipite, est dans la corruption de leur principe.

L'état de guerre cessant, le principe des gouvernemens établis sur cet état de guerre, se corrompt. Il est évident que cet état ne peut durer sans toutes les violences, tous les désordres, toute l'anarchie, qui en sont une suite nécessaire ; cependant ces violences, ces désordres peuvent durer long-temps ; notre histoire moderne en est une preuve trop remarquable.

Mais enfin un autre gouvernement s'établit sur un autre principe, et c'est celui de la monarchie ; il se corrompt aussi, et les révolutions arrivent.

Les révolutions sont toujours affreuses, lorsque la corruption des mœurs est au rang des causes principales ; mais elles sont autant dans l'ordre de la nature que les orages , et aucune puissance humaine ne peut quelque chose contre cet ordre. Ce ne sont pas les hommes qui dirigent les événemens , ce sont les événemens qui dirigent les hommes.

Bonaparte n'a fait que profiter des événemens pour usurper des trônes et bouleverser le monde.

Elisabeth régna en despote , mais elle était un grand prince ; elle fit le bonheur de ses sujets et la gloire de son pays ; elle se fit pardonner l'usage de la puissance absolue; cela n'est pas donné à tous les princes. Ses succès et son exemple furent funestes à ses successeurs ; son règne prépara celui de Jacques I.er et de Charles II.

Le règne brillant de Louis-le-Grand , ses longues guerres , ses conquêtes , les grands hommes qui illustrèrent ce règne, tout cet ensemble accoutuma les Français pour un temps à la puissance absolue, éblouit la nation, lui fit perdre de vue le principe de son gouvernement , et prépara une révolution.

Qu'un Etat soit prospère, qu'il soit paisible sous deux ou trois règnes , c'est très-heureux pour les princes et les sujets leurs contemporains ; mais si l'orage se prépare pendant ce calme, s'il n'en est que le précurseur, c'est très-malheureux pour ceux qui auront à subir la tourmente.

Cependant si quelque homme d'état annonçait l'orage, les hommes qui ne le voient pas et qui ne veulent que jouir, seraient les ennemis de cet homme

(15)

d'état. Ce fut en vain que Jérémie annonça la ruine de Jérusalem, quoique de la part de Dieu même.

M. de Lanoue s'exprimait ainsi sur ce sujet au seizième siècle, dans ses discours politiques : « Plu- » sieurs dignes personnages qui ont vu la grandeur » de la France, se fâcheront d'être amenés à faire » mauvais jugement d'icelle ; mais ils devraient » plutôt gémir que disputer contre tant d'apparences » visibles et sensibles de ruine. »

M. de Lanoue était un homme rempli d'instruc- tion ; militaire et politique, il était propre au conseil et à l'action, et souvent consulté par M. de Sully.

M. de Lanoue voyait les causes générales qui me- naçaient la France des révolutions.

Il est possible que les travaux et les difficultés qui avaient fait de Henri IV un grand prince, eussent rendu au gouvernement français la force, la vi- gueur et la prospérité, si ce grand roi eût joui d'un long règne ; il est possible, et même très-probable, que Henri IV eût ramené la monarchie vers son principe.

« Pour conserver un Etat, ou la religion, ou » enfin une institution quelconque, il faut les ra- » mener souvent vers le principe qui les constitue.

» La religion était entièrement perdue lorsque St. » François la ranima, lui rendit la vie, en la ra- » menant à son principe par l'institution des ordres » mendians. » (1)

____

(1) Michiavel.

Le principe des monarchies modernes est la représentation nationale ; celui de la religion chrétienne est dans les vertus les plus sublimes ; celui du despotisme est la religion de Mahomet ; celui du gouvernement de la Chine est dans la religion des mœurs , des cérémonies légalement établies , qui constituent une hiérarchie cérémonieuse.

La révolution dont nous venons d'être les témoins et les victimes , a commencé lorsqu'on a mis un corps de judicature à la place de la représentation nationale.

Il ne peut exister aucun assemblage plus nuisible que la réunion des mœurs corrompues du despotisme , avec les souvenirs et les idées de la liberté ; c'est un assemblage monstrueux.

On a la vue bien courte lorsqu'on ne voit qu'autour de soi , et que ne portant pas ses recherches dans le passé , on ne voit les causes des révolutions que dans les accidens du temps présent.

La détresse des finances , la philosophie moderne, la faiblesse du gouvernement , l'incertitude de sa marche , l'exaltation des passions , tout cela et tant d'autres choses ne sont que des accidens du temps présent , dont les causes sont dans le passé.

A la mort de Louis XIV , le premier rapport sur les finances, fait en conseil de régence , présenta un déficit à remplir de 750 millions pour subvenir aux dépenses de l'année.

Ce déficit n'est qu'un effet des causes générales.

S'il eût existé en France une représentation nationale,

tionale, ce déficit n'eût pas existé. Louis XIV eût fait moins de dépenses , moins de guerres ; il n'eût pas banni de France le commerce et l'industrie , etc. etc. etc. ; il n'eût pas épuisé la France ; il eût vécu en père de ses sujets, il serait mort emportant leurs regrets.

On a bien pu s'apercevoir que le décifit n'était pas la cause de la révolution ; ce sont les causes du déficit qu'il faut chercher pour trouver celles de la révolution.

Je ne veux pas dire que le gouvernement fondé sur la représentation nationale , soit à l'abri des ré-volutions ; ce serait dire qu'll est incorruptible dans son principe , et il est sans doute démontré que toutes choses sont assujéties aux lois de la nature qui les rendent périssables.

Quant aux corps politiques, ceux-là sont plus so-lidement établis qui peuvent le mieux se prêter , par leur constitution , aux changemens qui s'opè-rent lentement, mais constamment ; se proportion-ner aux temps et aux circonstances ; en un mot, *se corriger par leurs propres lois.*

« Le gouvernement de Rome fut admirable, en » ce que, depuis sa naissance, sa constitution se » trouva telle , que tout abus de pouvoir y pût » toujours être corrigé. (1) »

Ce ne fut pas la violence du fils de Tarquin en-

____

(1) Montesquieu.

vers Lucrèce, qui fut la cause de l'abolition de la royauté, mais la puissance absolue que les rois de Rome avaient usurpée. Si les lois eussent pu atteindre le coupable, si le peuple romain eût eu confiance en l'administration de la justice, si le crime du prince eût pu être puni, il ne l'eût point commis, et s'il l'eût commis, les Romains eussent laissé leur vengeance aux lois et aux magistrats.

C'est ainsi que l'impudicité d'Appuis et la mort cruelle de Virginie ne furent pas la cause, mais seulement l'occasion qui fit détruire le pouvoir des décemvirs ; la cause était dans l'abus qu'ils firent de ce pouvoir.

Telle est l'une des causes générales et principales de presque toutes les révolutions. Ce n'est pas seulement le pouvoir qui se détruit lui-même par ses propres abus, toutes choses périssent par l'abus qu'on en fait.

Ce globe que nous habitons nous montre une suite continuelle de révolutions au physique et au moral ; il en est sans doute de même de tous les autres.

La civilisation, les sciences, les lettres, les arts et le commerce, ont passé successivement d'une partie du globe à une autre.

Ils avaient brillé dans l'Asie long-temps avant les Romains. Lorsque César conquit les Gaules, cette partie du monde était habitée par quatre cents nations ; l'Angleterre ne valait pas la peine de la conquérir ; toute l'Allemagne et tout le nord de l'Europe n'étaient que des bois et des marais.

La civilisation est passée dans l'Europe avec tout son cortége. L'Europe s'est assujettie les trois autres parties du monde, après en avoir découvert une quatrième. Elle a détruit la population de l'Amérique; elle y a transporté celle de l'Afrique. Il est difficile de prévoir ce que deviendra dans la suite des siècles cette Europe qui a abusé de tout. Ses habitans seront-ils forcés d'aller porter l'industrie, le commerce et les arts dans ce pays même que leurs prédécesseurs ont dépeuplé ?

Si les souverains continuent de tenir sur pied ces nombreuses armées qui dévorent les peuples ; si l'excès auquel sont parvenues les dépenses publiques continue dans l'Europe, il ne paraît pas douteux que l'Amérique ne devienne l'asile des Européens. Il y a long-temps que Montesquieu a dit : « A force » d'avoir des soldats, nous n'aurons que des soldats.»

C'est donc l'abus qui détruit toutes choses ; c'est l'abus du pouvoir qui détruit le pouvoir. Voilà une des causes générales des révolutions.

Chaque changement considérable qui se fait dans les principes d'un gouvernement, est une révolution plus ou moins remarquable.

Si les Musulmans cessaient de se laver cinq fois par jour, ce serait une révolution ; elle serait beaucoup plus remarquable s'ils faisaient le commerce, et s'ils croyaient qu'il pût exister quelque sécurité personnelle.

Il n'y a point de révolutions dans les gouvernemens despotiques. On lit dans les journaux : « Le

» grand-seigneur a été assassiné ; on a mis le feu
» aux quatre coins de la capitale ; tel faubourg a
» été entièrement consumé par les flammes ; on a
» apporté au sérail les têtes de trois ou quatre ba-
» chas qui s'étaient révoltés ; on a envoyé le cordon
» à trois ou quatre autres. Le dey d'Alger a été
» assassiné , traîné dans les rues ; sa tête a été
» portée en triomphe ; on a mis à sa place son
» ministre ou un cordonnier. » Ce ne sont pas là
des révolutions , c'est l'alure ordinaire du gouvernement. Nous lisons cela comme nous lisons : « Le
Roi a signé le contrat de mariage de.....» ; mais
si nous lisions dans les journaux : « Le grand - sei-
» gneur a mis de l'ordre dans ses finances ; il a
» établi des impôts réguliers , il veut que ses sujets
» s'instruisent, que l'agriculture , le commerce , les
» lettres, les sciences et les arts fleurissent dans ses
» états », nous pourrions dire : voilà une révolution. Elle serait dans le principe du gouvernement.
Ce serait une corruption du principe. Il faut, pour
le conserver, que le souverain, enfermé dans son
palais , fasse trembler ses sujets , et qu'il tremble
lui-même exposé à leurs révoltes et aux fureurs des
jannissaires, ainsi qu'aux intrigues de ses ministres ;
qu'il redoute tout ce qui l'environne, jusques à ses
femmes et à ses enfans.

Dans les beaux climats , un orage succède au
beau temps , et détruit l'espérance des cultivateurs ;
quelquefois un orage ramène le beau temps ; mais

dans les glaces éternelles du nord , il n'y a ni beau temps , ni orages , ni craintes , ni espérances.

Il y a des révolutions qui se font lentement et par des changemens successifs presqu'insensibles. C'est ainsi que les papes ont cessé de disposer des couronnes , et les évêques de juger les rois.

Quelquefois des révolutions font rétrograder l'esprit humain ; et comme on était allé de la barbarie à la civilisation, on revient sur ses pas de l'extrême civilisation à la barbarie, d'une philosophie audacieuse aux erreurs et aux préjugés , de l'irreligion au fanatisme ; rien en ce genre ne doit paraître extraordinaire, car c'est la marche des choses humaines.

Le clergé était tout puissant en Suède ; lorsque Gustave y fit la révolution qui délivra sa patrie du joug du Danemarck et du sacerdoce.

Je distingue le sacerdoce de la religion. La Suède eût pu secouer le joug du sacerdoce sans perdre la religion catholique , et c'eût été sans doute bien heureux. Cette religion, qu'un instituteur divin a fondée , est alliable à toutes les formes de gouvernement. Il a déclaré que son royaume n'est pas de ce monde. Il fallait bien qu'elle pût s'unir à tous les gouvernemens, puisqu'elle est destinée à s'étendre sur tout l'Univers.

Tel est le principe de son institution. C'est corrompre son principe, c'est l'empêcher de devenir universelle, c'est la détruire, de vouloir qu'elle ne s'allie pas à toutes les formes de gouvernement humain. D'où il suit que le sacerdoce qui a la puissance spirituelle, ne devrait jamais entrer dans aucun partage de la puissance temporelle.

C'est l'initiation du sacerdoce à la puissance temporelle, que Montesquieu montre comme une des causes générales et principales de la décadence et de la chute de l'empire romain. Notre histoire particulière fournirait de nombreux exemples à l'appui de cette vérité.

Le clergé a lutté pendant plus d'un siècle, non-seulement en France mais dans toute l'Europe, dans les chaires et par ses écrits, contre les hommes appelés philosophes. Il a succombé. Il y avait une autre manière de combattre, qui eût assuré la victoire ; mais cette manière était plus difficile. Il fallait ramener la religion vers son principe. Ce principe, je l'ai déjà dit, ce sont les plus sublimes vertus. La religion se perd par la corruption de son principe, et ne peut se rétablir qu'en l'y ramenant.

Ceci doit décider la question *si le clergé doit avoir de la puissance et des richesses.* St. François était bien loin de le penser, lorsque pour rétablir la religion, il institua les ordres mendians.

L'honneur et le respect qui s'attachent aux fonctions honorables, doivent en être le salaire principal.

La révolution dont nous avons eu le malheur d'être les contemporains en France, a été épouvantable ; on croira lire l'histoire des cannibales. Rien ne semblait annoncer dans son commencement qu'elle pût prendre un tel caractère. Comment, en effet, aurait-on pu le prévoir au milieu d'un peuple le plus civilisé de l'Europe, renommé par son urbanité, sa politesse, par toutes les qualités sociales; distingué par un amour presque excessif pour ses rois, et sous le règne de celui de ses rois le plus digne de son amour ?

Si quelqu'un prétendait avoir prévu que la révolution prendrait ce caractère, il montrerait la prétention la plus mal fondée.

Il est sans doute, et je crois l'avoir démontré, des causes générales, non-seulement des révolutions, mais même du divers caractère qu'elles peuvent prendre ; mais les causes générales de ce dernier effet sont très-difficiles à apercevoir : mille incidens particuliers, impossibles à prévoir, agissent pour déterminer le caractère des révolutions au moment où elles éclatent. Je ne veux pas parler de ces causes particulières, ce sera une tâche difficile de l'histoire, qu'elle ne remplira peut-être jamais bien.

On fait tant de fautes qu'on pourrait ne pas faire; on néglige ce que l'on devrait faire; la vertu même s'égare : les hommes qui pourraient diriger les événemens, s'en laissent diriger; les meilleures intentions produisent les plus mauvais effets. L'homme sage respecte l'obscurité qui dérobe aux faibles mortels les décrets de la providence ; il s'y soumet, et supporte avec courage sa portion des châtimens qu'elle inflige à tout un peuple : heureux les peuples et les individus qui sauraient en tirer des leçons!

« Les mœurs qui règnent chez un peuple au
» moment d'une révolution, décident du caractère
» qu'elle doit prendre. » (1)

Pour prévoir le caractère que devait prendre la
révolution, il fallait donc avoir bien mauvaise opinion des mœurs de ses concitoyens ; une telle pré-
voyance pourrait faire l'éloge de la pénétration,
mais ne ferait pas celui du cœur. L'espérance est
toujours dans le cœur d'un citoyen qui aime son
pays : c'est au moment où nous espérions le moins,
que la providence nous a rendu le Souverain légitime.

L'impiété, la fausse philosophie impatiente du
joug même de la raison, l'excès du luxe et la corruption qu'il entraîne, des besoins toujours crois-
sans, la soif intarissable des richesses, la vanité,
l'orgueil, l'ambition, la paresse et l'envie, voilà
les causes d'un mal qui pénétrant par tous les pores
dans le corps politique, le vicient et préparent sa
ruine, qui convertissent les lois en abus, qui corrompent la justice même, et font d'affreuses révolutions de ce qui pourrait n'être que des corrections
d'abus et des changemens amenés par le temps. Les
hommes d'état, les gouverneurs des peuples, ne devraient pas perdre de vue cette maxime de Plu-
tarque : *Tout est perdu lorsque les vices sont
convertis en mœurs.*

---

(1) Mably.

Tout gouvernement doit avoir et a effectivement en soi les moyens de conservation ; s'il n'en fait pas usage, c'est en vain que les sujets feraient des efforts pour le conserver. Lorsque des changemens sont nécessaires à la conservation même de l'état, il faut que le gouvernement les fasse lui-même ; il aura toujours dans ce cas la masse des peuples pour lui , du moins si les ministres savent y préparer l'opinion publique.

Il est des pays où les magistrats sont responsables. Cette pratique n'a rien de déraisonnable ; car la puissance a tant de moyens, non-seulement de se faire respecter, mais encore de se faire aimer, que celui-là sert bien mal le souverain qui ne sait pas mettre ses moyens en œuvre.

Il n'est pas hors de propos de signaler quelques fautes principales qui ont contribué à nos calamités ; il ne faut pas en écarter le souvenir, il peut servir à en éviter de nouvelles.

Au reste, ce ne sont pas les Français seuls qui ont fait de grandes fautes , ce sont tous les souverains et tous les peuples de l'Europe. Il n'est donc pas un juge irrécusable des fautes que chacun peut avoir faites ; et si avec tant de raisons d'indulgence nous voulons être sévères les uns envers les autres, on peut dire que la folie a joint ses grelots, aux torches de la discorde.

Les moyens termes sont toujours funestes à la puissance ; ils montrent la faiblesse qui, incapable de surmonter les difficultés , ne cherche qu'à les éluder ; ménagées , elles s'accroissent et deviennent insurmontables.

M. Neker usa d'un moyen terme lorsqu'il doubla la représentation du tiers-état ; ce n'était que souffler au feu d'un incendie qui s'allumait de toutes parts ; ce n'était pas décider la question qui s'agitait dans toutes les parties de la France , il fallait la décider.

Ce serait cependant sans motif suffisant qu'on attribuerait à M. Neker des mauvaises intentions. La situation d'un ministre en pareille circonstance est bien difficile , et presque toujours il n'est pas le maître d'agir comme il le voudrait.

Ce fut une bien grande faute de permettre que la puissance législative fût exercée par une seule assemblée ; c'était non-seulement corrompre, mais détruire le principe de la monarchie.

C'eût été peut-être une faute aussi grande d'exiger impérieusement l'ancienne division en trois ordres , pour plusieurs raisons , mais sur-tout parce que l'on ne doit vouloir impérieusement que ce que l'on peut.

La puissance publique eût trouvé bien peu de résistance dans la division en deux ordres. Elle eût ainsi ramené la monarchie à son principe ; elle l'eût rétablie sur ses anciens élémens. Les princes et les anciens pairs eussent siégé de droit dans le premier ordre , le Roi eût eu le droit de créer de nouvelles pairies ecclésiastiques et laïques : ce droit n'eût pu être contesté , il était incontestable.

Il n'eût pu venir de résistance que d'une faction déjà connue, bornée aux murs de la capitale, qu'il était facile d'étouffer dans son berceau avant même qu'elle n'a préludé aux désordres.

« Il y a deux moyens d'acquérir une réputation » politique : l'un par le mérite des actions et la sa- » gesse des conseils pour le bien public ; l'autre par » des actes privés, qui peuvent concilier à un ci- » toyen les affections populaires. Le premier moyen » est très-louable ; il doit être encouragé, honoré » par le gouvernement ; le second est condamnable, » dangereux, et doit être l'objet de la surveillance » du gouvernement. » (1)

Quand la puissance législative a été concentrée dans une seule assemblée, cette faction a dû néces- sairement acquérir toute la force des craintes et des passions diverses qui exercent leur action sur une assemblée, qui dès-lors ne dirige plus, mais est dirigée ; elle n'est plus libre, et ce qui ferait la minorité devient la majorité.

Cependant la monarchie avait de si profondes racines, qu'il eût été, je ne dirai pas possible, mais peut-être facile de la rétablir pendant le cours de l'assemblée constituante, même pendant celui de l'assemblée dite législative, même au 10 août : *le con- seil donné au Roi d'aller se livrer à ses ennemis, parut perfide, tant il était mauvais.*

---

(1) Machiavel, discours politique.

Les factieux qui, sans plan et conduits par les événemens bien plus qu'ils ne les dirigeaient, s'emparèrent de la puissance publique et mirent leur Roi dans les fers, étonnés de leur horrible succès, ne virent plus que des ennemis dans tous les Français ; ils crurent nécessaire de répandre sur toute la France la terreur qui les poursuivait eux-mêmes ; tous les Français leur furent suspects ; ils le furent les uns aux autres ; ils immolèrent leurs concitoyens à la peur, et s'immolèrent les uns les autres.

Cette effroyable anarchie devait amener un tyran, c'est la marche naturelle inévitable ; mais la monarchie devait reprendre ses droits.

Bonaparte est un avanturier très-fameux ; il a fourni dans un règne court, d'immenses matériaux à l'histoire ; il a fait reposer la France dans le despotisme, il a désolé le monde ; l'histoire lui accordera peut-être de grands talens militaires, et lui reprochera peut-être de grandes fautes. La fortune a marché devant lui, et semblait lui applanir toutes les voies ; il a mis en la fortue une confiance qu'elle ne mérite jamais, et que la sagesse doit toujours lui refuser. On ne peut pas dire ce qui serait arrivé s'il eût joint une sage politique à son activité guerrière : quelques personnes peuvent penser qu'il eût prolongé son règne ; d'autres pourraient croire, peut-être avec plus de raison, que son règne eût été plus court.

La France s'est reposée dans le despotisme, mais ce repos de la mort ne pouvait durer long-temps, sans rappeler le désir et le principe de la vie ; les souvenirs de sa gloire passée ne pouvaient s'anéantir ; la servitude et l'avilissement ne peuvent être l'état permanent de ce corps politique , ne peuvent jamais devenir son état naturel , tout le rappelle sans cesse à son principe, la gloire, l'honneur et la liberté.

Louis XVIII , Louis-le-Désiré , le successeur d'un si grand nombre de bons rois , le souverain légitime , est venu rendre ce corps politique à son principe.

Des craintes et des espérances également funestes, entretiennent encore les passions en activité ; c'est un malheur, inévitable, suite de toutes les discordes passées ; *mais le gouvernement légitime triomphera de tout , et sa marche ferme ne connaîtra point d'obstacles ; nos passions , la diversité de nos opinions , ne peuvent entraver la marche du gouvernement ; sa route est tracée par les lois , sa puissance est fondée sur les lois.*

La puissance publique doit avoir une base quelconque, ou elle serait flotante au gré du hasard , ou elle est fondée sur les lois, et alors elle ne peut être absolue, ou sur les mœurs comme à la Chine, ou sur la religion comme à Constantinople : celle-là est la plus solidement établie, qui a pour base, tout ensemble, la religion , les mœurs et les lois, quoiqu'elle ne soit pas absolue, *ou, pour mieux dire par cela même, qu'elle ne l'est pas.*

Il y a deux manières de rechercher les causes des

révolutions, ou de descendre des causes générales
aux causes particulières qui n'en sont que les effets,
ou de remonter des causes particulières aux causes
générales, c'est-à-dire des effets aux causes ; mais
dans cette marche rétrograde il ne faudrait pas s'arrêter en chemin ; cependant la plupart des hommes
s'arrêtent volontiers à ce qui flatte ou leurs passions,
ou leurs sentimens, ou le système qu'ils embrassent.
On ne devrait pas perdre de vue « qu'il y a des
» causes générales qui agissent dans chaque gou-
» vernement, quelle que soit sa forme, dans cha-
» que institution quelconque, qui les élèvent, les
» maintiennent, les abaissent ou les précipitent. »

J'ai déjà dit que je ne voulais pas parler des
causes particulières. En considérant avec impartialité les causes générales , ces causes particulières se
déroulent sous les yeux de l'observateur ; il n'y voit
plus que des effets tous naturels ; les objets se pré-
sentent tout différemment à la vue , d'un point
élevé ou bas : ce qui se passe actuellement à ses
causes dans ce qui s'est passé précédemment, en est
une suite naturelle et inévitable ; le passé et le présent sont gros de l'avenir.

Il est difficile aux contemporains d'une révolution
de conserver cette impartialité qui fait que l'on voit
bien, que l'on juge bien ; cette difficulté existe même
pour la postérité : elle partagera plus ou moins les
passions qui nous ont agités et celles qui nous agitent ; l'écrivain le plus impartial aura dans l'avenir,
comme il a dans le présent, quelques ménagemens

à garder, et la vérité même ne peut se montrer sans vêtement.

Ceux qui écrivent l'histoire flattent toujours la puissance, et souvent prodiguent les louanges aux vices et même aux crimes; ceux qui écrivent des histoires secrètes exagèrent, bien sûrs de plaire à la malignité.

L'esprit de parti est un bandeau sur les yeux, impénétrable à la lumière.

Toutes choses humaines éprouvent des changemens continuels, sensibles ou insensibles; elles vont du bien au mal, et retournent du mal au bien.

Toutes les espérances sont pour nous en perspective, car nous sommes arrivés au dernier période du mal.

La pente qui nous entraînait à la révolution a été bien rapide depuis le règne trop brillant de Louis XIV.

Les hommes de lettres, les savans, les philosophes, le clergé, la noblesse, les parlemens, les ministres, ont ouvert cette carrière; les factieux s'y sont précipités, et s'en sont emparés; craignons qu'ils ne s'en emparent encore, qu'ils ne prolongent nos souffrances, et qu'on ne puisse nous comparer aux Florentins : *I justi non si sono intesi,* etc.

Ce ne sont pas là les causes de la révolution, ce ne sont que des effets dont il faut chercher les causes en remontant plus haut.

Les parlemens ne savaient trop ce qu'ils faisaient

lorsqu'ils abdiquèrent la puissance législative qui leur avait été transférée ; ils se hâtèrent d'employer tous leurs efforts à la ressaisir, mais il n'en était plus temps.

Auraient-ils pu la retenir lorsque les nobles, le clergé, le tiers-état, toute la nation et le gouvernement lui-même, réclamaient des réformes considérables, et sur-tout celle de répandre l'impôt sur tout le sol de la France, sans égard pour les priviléges anciens, et rappelaient les états-généraux ?

Avant d'abdiquer, le parlement avait exercé l'acte le plus solennel de la puissance législative, celui de traduire un ministre devant son tribunal : preuve récente, si l'histoire ne nous en fournissait pas tant d'autres, *que la responsabilité des ministres n'est pas en France une loi nouvelle.*

La succession héréditaire au trône est un des grands avantages du gouvernement monarchique ; elle assure le repos des nations, mais elle rend aussi plus nécessaire un gouvernement fondé sur des principes ; à un grand prince peut succéder un prince incapable de tenir les rênes du gouvernement.

Un monarque guerrier et vainqueur sera toujours tout-puissant ; mais n'aura-t-il aucun revers dans le cours de ses victoires ? la fortune lui sera-t-elle toujours favorable ? n'épuisera-t-il pas ses états ? ne lassera-t-il pas ses sujets ? ne laissera-t-il pas à son successeur un royaume difficile à gouverner ? son succcesseur sera-t-il guerrier ? sera-t-il heureux ? ne trouvera-t-il pas dans les victoires de son prédéces-
seur

seur l'impossibilité d'être guerrier lui-même ? S'il n'y trouve pas les causes de sa ruine, les princes qui lui succéderont ne peuvent manquer de l'y trouver.

Il n'en est pas des temps modernes comme des temps anciens. La guerre enrichissait anciennement le vainqueur ; aujourd'hui elle le ruine ; le champ de bataille reste à celui à qui reste le dernier écu. Après trente années de guerre, les choses reviennent au même état où elles étaient quand on l'a commencée. Le vainqueur et le vaincu sont couchés par terre, également épuisés. Si le vainqueur a acquis quelque portion de territoire, elle lui coûte beaucoup plus qu'elle ne vaut ; il a perdu beaucoup plus d'anciens et fidèles sujets, qu'il n'en a acquis de nouveaux forcément obéissans.

Les guerres peuvent fonder un état, mais elles le détruisent aussi ; c'est la paix, c'est la bonne administration, ce sont les lois et les mœurs qui le conservent.

Un roi n'est pas un général. Sa gloire n'est pas de commander des armées, de troubler le repos de ses voisins, de faire des conquêtes, mais de gouverner son royaume, de répandre le bonheur sur son peuple, de faire régner l'ordre et la justice ; s'il fait respecter sa puissance au dehors par les armes, c'est par les lois qu'il la fait respecter au dedans.

Un empire fondé sur la force militaire, peut être détruit par une bataille. Les exemples n'en sont pas rares dans l'histoire ancienne et moderne ; il ne faudrait pas les chercher bien loin.

Une monarchie fondée sur de bons principes, sur la religion , sur les lois , sur les mœurs , est en quelque sorte impérissable.

CHAPITRE II.

Quelques Observations, ou *Pensées détachées.*

QUELLE que soit la divergence de nos opinions , consolider le gouvernement établi , puisqu'il est légitime , est le point de réunion de tous les intérêts et de tous les devoirs. Remplissons nos devoirs, et qu'il arrive ce qu'il pourra ; les événemens sont dans les mains du souverain maître de toutes choses. « O Neptune, tu peux me faire périr ; mais toujours tiendrai-je mon timon droit.» Tel est le langage du bon pilote dans la tempête , et telle est sa conduite. (1)

Quelques personnes pensent « que les rois doivent » gouverner par leur volonté ; qu'ils ne sont plus » rois lorsqu'ils sont assujettis à consulter celle de » leurs sujets. »

Dieu, en créant l'Univers , s'est en quelque sorte imposé des lois à lui-même. La régularité du cours

---

(1) Montaigne.

des astres, l'inaltérabilité de cet ordre admirable de la nature, montrent à tous les yeux une puissance infinie, mais qui s'est assujettie à ses propres lois. Voilà la charte que le Créateur a donnée à l'Univers, par laquelle il le gouverne et le conserve.

Il serait bien étonnant que des sujets dissent à un roi : « Sire, votre charte gêne votre volonté, gouvernez- » nous par une volonté de chaque instant. Ces mots » affection des sujets, respect pour les lois, amour » de la patrie, sont des mots vides de sens. C'est » avec ces mots qu'on a fait la révolution. Ce n'est » pas ainsi qu'on gouverne les hommes. Ayez des » soldats ; ne permettez pas qu'on raisonne dans » votre royaume. A quoi ont servi ces assemblées, » qu'à accumuler sur nous toutes les calamités ? Cette » liberté de raisonner, de penser et d'écrire, nous » ont perdus. C'est la philosophie, c'est le libéra- » lisme. »

Cela veut dire : « Mettez la toute-puissance dans » nos mains. »

Un roi qui se donne des lois à lui-même, loin de diminuer sa puissance, lui donne tout l'accrois-sement dont elle est susceptible ; il lui assure une durée que la nature même des choses refuse à la puissance illimitée, qui, comme je l'ai dit plus haut, se détruit elle-même par ses propres abus.

Eh le moyen de n'en pas abuser ! « Pour gou- » verner des moutons, on choisit un homme. Il » faudrait pour gouverner les hommes, un être

» supérieur à l'homme , ou il faut des lois par les-
» quelles un homme les gouverne. » (1)

Quelques personnes peuvent penser qu'on gouverne toujours facilement avec des soldats.

Mais les faits les plus constans de toute l'histoire
prouvent que la puissance militaire est la plus faible, la plus précaire , qu'aucune durée ne peut lui
être assurée.

Vouloir conserver la puissance, et éviter les révolutions par la force des armes , « c'est vouloir
» deux choses contradictoires : des hommes intré-
» pides, pleins de courage dans la guerre , et ti-
» mides dans la paix. » (2)

Quand on a des armées, il faut faire la guerre ,
et la guerre vous détruit de mille manières ; elle
devient une des causes générales des révolutions.

Vainqueur au dehors , vous êtes tout puissant au
dedans, mais il faut gouverner la victoire ; si vous
cessez de vaincre , votre faiblesse vous avertit que
la guerre vous a anéanti.

Si au lieu de vaillans soldats vous ne voulez que
des satellites, ils sont plus dangereux pour le souverain que pour les sujets ; ils iront brûler la chau-
mière de leur père , mais ils brûleront aussi le palais du souverain.

Souvenez-vous des gardes prétoriennes , des jannissaires, des strélitz. Pour gouverner avec des sol-

____

(1) Sidney.
(2) Montesquieu.

dats , il faut que le souverain consente à être gouverné par des soldats.

Méprisables aux ennemis , ils ne seront redoutables qu'au souverain et aux sujets.

Il n'y a de bons soldats que ceux qui sont pris dans le corps du peuple, qui conservent l'esprit de citoyens, et ne considèrent pas la profession militaire comme un métier de toute la vie. D'une main ils tiennent la charrue, et de l'autre l'épée. La vie militaire est un repos qui ne les empêche pas de soupirer après les fatigues de la paix. Ce sont de tels soldats qui ont fait la gloire de Rome et toute sa grandeur ; des soldats mercenaires ont commencé sa décadence et précipité sa ruine. Avec des soldats tirés du corps du peuple, les places fortes sont inutiles, ou tout au plus ne seraient nécessaires que dans l'intérieur, comme arsenal ; leurs bras, leur amour pour le souverain et pour les lois, vaudraient mieux que des murailles. (*a*)

L'Europe n'a évité le joug qu'en ayant recours à de tels défenseurs ; elle a conservé la conscription. Lui opposerons-nous, dans le cas de défense, des soldats achetés ou recrutés dans les égoûts des grandes villes ?

On peut être dispensé d'entretenir de grandes armées hors du besoin , parce qu'on les a toujours prêtes au besoin ; tout citoyen étant soldat pour la défense de son pays.

Chaque puissance ayant des limites déterminées , on n'a plus besoin de soldats pour attaquer, on n'en a besoin que pour se défendre. Quelle puissance oserait attaquer des soldats qui défendent leurs foyers ?

La providence a fait la partie pour le tout, et non le tout pour la partie : c'est là son plan général ; il y a beaucoup de sagesse à s'y conformer. Le dauphin de France, élève de Fénélon, disait « que les rois étaient pour les peuples, et non les » peuples pour les rois. » (1)

Toutes choses se rattachent à la morale. La direction pour la conscience d'un roi, est un excellent cours de politique. (2)

Un autre politique peut donner des leçons de tyrannie, montrer des crimes comme nécessaires, les justifier par la raison d'état, appeler un scélérat un homme d'état, ériger l'atrocité en génie ; elle peut enseigner aux princes tous les moyens de vexer les peuples, aux despotes ceux de les retenir dans la stupeur par la crainte, l'avilissement, la superstition et l'ignorance, aux tyrans de les opprimer ; mais elle ne peut leur enseigner les moyens d'être eux-mêmes tranquilles et heureux, de jouir du pouvoir sans alarmes, de le conserver et d'éviter les révolutions. *Ces moyens ne sont pas un secret pour la bonne politique.*

Ce qui fait qu'il n'est peut-être pas aussi difficile que l'on pense de gouverner les hommes, c'st qu'en

______

(1) Mémoires de Richelieu.
(2) Fénélon.

masse ils ne sont ni bons ni méchans, mais que la majorité est toujours pour ce qui est juste. *Ceux qui croiraient le contraire, ne pourraient être heureux que de l'espérance d'une autre vie.*

Si la majorité se composait des méchans, il ne pourrait exister sur la terre aucun gouvernement capable de conserver l'ordre social.

L'administration de la justice distributive est de la plus haute importance. Le bien et le mal qui en résultent se font ressentir à tous les citoyens et à tous les instans. Si elle était mauvaise, elle serait au corps politique ce qu'est au corps physique une maladie qui le ferait périr dans des souffrances continuelles. Elle serait une des causes générales et principales des révolutions à venir ; les lois ne seraient que des toiles d'araignée que le fort brise, et qui ne retiennent que le faible. Elles pourraient recevoir toute sorte d'interprétations, et le juge *ayant part à la législation* par l'arbitraire des interprétations, *aurait la force* d'un oppresseur. (1)

Il y a dans le corps du peuple un sentiment du bien et du mal, du juste et de l'injuste, supérieur à toutes les connaissances acquises.

Il peut accorder de la considération aux richesses, aux dignités, aux costumes, aux décorations, etc.; mais quant au respect, il ne l'accorde jamais qu'à ce qui est en effet respectable.

---

(1) Montesquieu.

Le plus vil de tous les métiers, dit Fénélon, est celui de courtisan. (1) Cependant ce sont les courtisans qui décident du sort des gouvernemens, soit monarchiques, soit populaires.

Les vices sont aimables et les vertus ridicules, suivant leur fantaisie ; ils mettent les expressions à la mode, et les écrivains, même les plus estimables, se voient forcés du moins de ne pas trop choquer l'acception qu'ils veulent donner aux mots.

« L'honneur (dit Pope) appartient à toutes les
» conditions. Remplissez bien vos devoirs, voilà
» tout l'honneur. »

Act well your part there all the honor lies. (2)

C'est en vain que l'on veut déterminer le ressort particulier de chaque gouvernement ; tout cela est fort systématique ; ce qui ne l'est pas, c'est qu'il y a bien de l'erreur à croire qu'on puisse remplacer dans aucun, la religion, les mœurs, quelque vertu publique et les vertus privées. La grande société se compose des petites ; l'état se compose de familles.

« César, au temps des Scipions, eût aspiré à la
» gloire par la chasteté, et Luccullus eût vécu de
» raves lorsque la frugalité était en honneur. » (3)

Dans un changement de gouvernement, chacun juge que tout est mal lorsque tout n'est pas très-bien pour soi ; les prétentions se multiplient à l'in-

---

(1) Direction pour la conscience d'un roi.
. (2) Essai sur l'homme.
(3) Pope ; *ibidem.*

fini ; tel qui mériterait d'être puni , demande des récompenses.

Pour satisfaire tant d'intérêts , tant de désirs ambitieux , il faudrait que le gouvernement fût possesseur d'un trésor inépuisable hors de France ; qu'il payât , sans le peuple , les dépenses publiques et celles des individus.

Ce ne serait peut-être pas assez : il faudrait y ajouter du pouvoir , et satisfaire la vanité.

La France est divisée en deux grands partis : la masse de la nation qui paye , et d'autre part ceux qui sont payés et ceux qui désirent de l'être.

Il importe au parti qui paye , d'être en défense contre l'autre parti. Ses défenseurs , c'est le Roi , ce sont les Chambres ; ses armes défensives sont la faculté de se plaindre verbalement et par écrit ; il n'a point d'armes offensives , et ne doit point en avoir ; il doit mettre sa confiance en ses défenseurs. (*b*)

La charte, comme toutes les constitutions , n'est que sur le papier ; c'est au gouvernement à la mettre en action, à lui donner la vie ; c'est le gouvernement qui a le plus d'intérêt à lui donner et à lui conserver la vie.

Il y a deux intérêts naturels dans le gouvernement : celui du Roi de gouverner par la charte , et celui des ministres de gouverner sans la charte, en la montrant sur le papier , mais sans action et sans vie.

Cet intérêt des ministres est aussi celui des courtisans et celui de tous les ambitieux en opposition avec l'intérêt du Roi et celui du peuple.

Quel est l'intérêt qui prévaudra dans l'avenir ? C'est ce qu'il est peut-être difficile de prévoir.

Pour éviter les révolutions , il faut laisser au parti qui paye,"les armes défensives : les liqueurs en fermentation rompraient tous les vases , si l'on n'avaient le soin de laisser une issue à l'évaporation.

Toute institution doit avoir en soi des moyens de se défendre, de se conserver *et de se corriger ;* si elle manque de ces moyens, elle est très-imparfaite, et ne peut s'assurer d'aucune durée.

Il doit donc être dans les principes même de la charte, que des droits qu'elle consacre, mais dont l'exercice actuel pourrait la détruire , puissent être momentanément suspendus. Ce n'est pas une exception aux droits, mais une suspension momentanée de ces droits.

Si la puissance exécutrice a des bornes, la puissance législative n'en a point ; elle peut donc suspendre l'exercice de quelques droits, elle peut corriger la charte même.

La suspension momentanée de quelques droits ne peut être opérée que par la puissance législative, c'est-à-dire par l'accord des trois parties qui constituent cette puissance.

Cette suspension est , lorsqu'elle a lieu , jugée nécessaire au salut de l'état, à la conservation du gouvernement , par la puissance législative.

Si l'on dit qu'il n'y a point de nécessité, et que

c'est l'influence des ministres dans les chambres qui a fait décider de cette nécessité , c'est faire le procès aux chambres ; il n'y a point de tribunal pour les juger.

Ce qu'on appelle l'opinion publique , est souvent un mauvais tribunal , très-injuste , très-récusable , jugeant aujourd'hui d'une manière et demain d'une autre. Pour avoir confiance en ses jugemens , il faut que le temps les confirme , il leur faut le sceau du temps.

Si les chambres n'avaient pas l'initiative , il n'y aurait point dans le fait de puissance législative , puisqu'il dépendrait de la puissance exécutrice , c'est-à-dire des ministres , de la laisser sans vie. (1)

La charte pourrait n'exister effectivement que sur le papier ; elle serait comme la foi morte sans les œuvres.

Si l'influence des ministres , soit dans les élections, soit dans les chambres, pouvait jamais être si grande que les citoyens pussent croire qu'il n'y a plus de puissance législative , le gouvernement perdrait toute la force que lui donnent les lois ; et

______

(1) Le Roi , dans sa sagesse , s'est réservé l'initiative. Cette limite au pouvoir des chambres était nécessaire dans les circonstances. Comment pourrai-je dire le contraire , moi qui ai dit que la dictature eût été nécessaire ? Mais l'embarras des discussions prouve qu'il y a un vice qui , dans l'avenir , pourrait être fort nuisible. Le Roi qui a fait la charte , saura aussi la perfectionner : c'est de sa sagesse que la nation doit attendre tous les bienfaits.

ce serait encore là une cause de révolution , plus
ou moins prochaine , plus ou moins éloignée.

Pour écarter les causes des révolutions, il faut
donc que le gouvernement donne la vie à la charte ,
et qu'il la lui conserve ; que toutes les parties qui
constituent la puissance législative soient vivantes ,
qu'elles aient la vigueur qui convient à chacune
d'elles : un arbre périt par ses branches comme par
ses racines.

La charte n'est pas sans défauts ; toutes les institutions humaines naissent et s'élèvent avec les vices
qui les feront périr ; mais fût-elle beaucoup plus
défectueuse , que voulez-vous mettre à la place ?
Quel est le sage, quel est le conseil de sages qui
peut en faire une autre ? Quelle charte satisferait
tous les partis, calmerait toutes les passions ? Dieu
lui-même avait donné une charte aux Juifs , il leur
avait donné des juges , ils voulurent des rois ; ils
voulurent ensuite quelqu'autre chose. Dieu , lassé
(si l'on peut s'exprimer ainsi) de leur inconstance,
de leur turbulence , soumit toute la nation aux rois
de Babylone , et l'a enfin détruite et dispersée sur
toute la terre, pour être , sous les yeux de tous les
peuples , un exemple toujours présent de l'effet que
produisent les vices des nations, leur légéreté , leur
inquiétude et leurs discordes.

Pour faire marcher la charte, il faut des hommes ;
ce sont ses pieds, ses bras , ses mains. Il faut donc
que toutes les institutions soient en harmonie avec
la charte : militaires , administrateurs , juges , voilà

ses bras et ses pieds, tandis que le Roi et les Chambres sont sa tête. Sans cette harmonie des institutions, la charte ne pourrait être qu'un tronc sans branches et sans racines : *truncus inutile lignum cum faber voluit esse Deum.*

Quelques différentes que soient nos opinions politiques, ne faisons pas de notre pays l'enfer du Dante, où les damnés, renfermés dans des cercles suivant la nature de leurs péchés, placés en opposition, se déchirent de leurs propres mains, partant sans cesse de tous les points de la circonférence pour se déchirer dans le centre.

Un usurpateur a eu besoin de partisans pour s'élever à la puissance ; il en a besoin pour s'y soutenir ; il sacrifie la masse du peuple à ses partisans dans l'intérieur, et à l'opposition qu'il peut rencontrer au dehors. *Imperium iisdem artibus retinetur quibus partum est.*

La puissance légitime au contraire, a besoin qu'il n'y aie point de partis ; la justice fait sa force, c'est là son grand avantage. *Divisez et régnez,* voilà la devise des tyrans.

Sous le règne d'un usurpateur, les révolutions sont en permanence ; car, independamment du parti du prince en qui réside le droit, chacun, citoyen ou même étranger, peut avoir un parti au dedans et au dehors, ayant même droit que l'usurpateur, *la raison du plus fort ;* d'où il suit que *la légitimité* peut seule assurer le repos des nations, la paix au dedans et au dehors.

Le temps qui détruit tout, consolide les usurpations, mais les lois n'ont pas fixé un terme auquel l'usurpation de la puissance publique a pu prescrire; cependant il faut un terme à toutes choses ; mais le temps pour prescrire doit être beaucoup plus long pour l'occupation de la puissance, que pour celle des propriétés privées.

La bonne foi est d'ailleurs nécessaire pour prescrire, et jamais un usurpateur ne prescrit en présence du propriétaire qui réclame.

Si l'on peut prescrire le droit d'exercer la puissance publique, jamais on ne peut prescrire celui d'en abuser ; les peuples répondraient au prince comme l'âne de la fable :

> Sauvez-vous et me laissez paître,
> Notre ennemi c'est notre maître. (1)

D'où il suit que l'abus de la puissance est l'opposé du droit d'en user et de la conserver. L'abus est en toutes choses l'opposé de l'usage et de la conservation.

Lorsqu'un gouvernement succède à un autre, des réformes sont nécessaires, puisque toutes les institutions doivent être en harmonie avec le principe du gouvernement. Il est à désirer que toutes les réformes soient faites à la fois dès le commencement, qu'elles soient générales, que toutes les craintes disparaissent et ne laissent plus que des espérances. On

____

(1) Je ne fais que répéter ce que Mirabeau a écrit dans son traité de la population, sous le régime de la censure.

a vaincu toutes les difficultés qui pouvaient s'opposer à la marche du gouvernement, toutes les institutions sont en harmonie, toutes secondent le gouvernement, tout est applani.

Ces principes se trouvent dans un livre où l'on a cru trouver des leçons de tyrannie, mais elles peuvent servir aux meilleurs princes.

Si les réformes se font lentement, on rencontre à chaque instant des difficultés que l'on pouvait vaincre toutes à la fois sans peine; c'est une petite guerre continuelle; mais la puissance publique dans des mains habiles a tant de moyens d'opérer le bien public, que rien ne lui est impossible, pas même difficile ; elle peut toujours mettre les institutions en harmonie avec le principe du gouvernement : j'entends parler de la puissance législative, qui ne peut avoir de bornes, ou du moins dont les limites doivent être cachées dans l'éloignement d'un épais nuage. Tout est facile à l'accord du Roi avec les chambres, à cet accord des trois volontés qui forment la puissance législative, et sont l'expression de la volonté générale.

Le Roi veut la charte; elle est son ouvrage. Une preuve incontestable que la masse de la nation française la veut aussi, *c'est que Bonaparte, à son invasion, a cru devoir la lui conserver telle qu'elle est.*

Une opinion quelconque ne peut être un sujet de blâme, que lorsqu'elle devient une action qui peut troubler l'ordre public. Un Français peut chérir la patrie et le Roi, et croire que la charte ne convient point à nos mœurs, à nos habitudes.

Certes, cette opinion pourrait être soutenue par de bien forts argumens. En effet, rien n'est plus opposé à la liberté que des mœurs corrompues. La révolution a été bien plus propre à augmenter la corruption qu'à la corriger ; elle a beaucoup ajouté à nos vices ; elle en a peut-être développé de nouveaux.

Coriolan, à la tête des Volsques, mit Rome à deux doigts de sa perte, et peu s'en fallut que la ruine de la république ne fût l'ouvrage de Cinna et de ses nombreux complices ; mais les mœurs conservatrices existaient encore.

Ces mœurs furent entièrement perdues après les guerres civiles de Marius et de Silla.

Lorsque César s'empara de la puissance , il ne détruisit pas la république, elle n'existait plus, il ne fit que détrôner Pompée ; mais le souvenir de la république existait , et ce fut ce souvenir qui fut la cause de la mort de César. Quelques Romains crurent qu'ils pouvaient la rétablir , lorsque ce rétablissement était impossible.

Le règne d'Auguste prouva que la monarchie eût pu remplacer la république, avec d'autant plus d'avantage , qu'à une constitution destinée à conquérir, il en fallait une propre à conserver ; mais les anciens ne connaissaient pas les élémens de la monarchie , ils n'avaient pas l'idée même de la représentation. Aussi après le règne d'Auguste , qui , quoique couvert
du

du sang des Romains, fut un grand prince, tous les désordres reparurent pour ne plus finir que par la chute de l'empire.

C'est la représentation qui a été dans toute l'Europe la base du gouvernement monarchique; elle a eu des élémens divers, mais elle a toujours été la base des monarchies qui s'y sont établies.

Il n'en restait en France que le souvenir, et c'est ce souvenir qui est la cause principale de la révolution.

La question se réduit donc à celle-ci : « Le gou-
» vernement monarchique peut-il être ramené à son
» principe ? Nos mœurs, nos habitudes, nos vices
» anciens et nouveaux sont-ils un obstacle invin-
» cible au rétablissement du gouvernement monar-
» chique ? »

Un Roi éprouvé par l'adversité, plein de lumières et de sagesse, souverain légitime, rempli d'amour pour ses sujets, a décidé la question par l'affirmative. Que pourraient ajouter tous les écrivains à une décision aussi auguste, aussi respectable, aussi solennelle ?

Ne doit-on pas respecter cette décision, alors même qu'on aurait une opinion contraire ?

Si le Roi n'avait pas jugé la monarchie compatible avec les mœurs, il ne l'eût pas rétablie ; *il n'aurait fait que succéder à Bonaparte, comme César ne fit que succéder à Pompée.*

Mais il se présentait d'autres questions : « Le des-
» potisme peut-il être le gouvernement de la France ?

» La puissance absolue peut-elle y avoir de la durée?
» Ce qui convenait à un usurpateur peut-il conve-
» nir au souverain légitime ? N'y a-t-il pas plus de
» gloire à corriger les mœurs et les habitudes, qu'à
» continuer de les corrompre ? Les mœurs actuelles
» peuvent-elles supporter ce degré de liberté que
» donne le gouvernement monarchique ? Ce gou-
» vernement n'est-il pas propre à les améliorer ?
» N'offre-t-il pas au souverain lui-même une plus
» grande sûreté ? L'amour des sujets lui est-il in-
» différent ? Lui suffit-il d'une obéissance passive
» et forcée ? La détresse des finances, l'épuisement,
» tous les maux enfin qu'ont produit l'anarchie et
» la puissance absolue, peuvent-ils être réparés sans
» le concours des sujets, sans leur amour pour la
» patrie et pour le souverain ? L'agriculture, le
» commerce, l'industrie, peuvent-ils se ranimer et
» se soutenir sans l'opinion de la sécurité et de la
» liberté, au milieu des craintes de tout genre sur
» le présent et l'avenir ? N'est-il pas très-important
» de faire cesser toutes les craintes et de ranimer
» toutes les espérances ? Le souvenir du gouverne-
» ment monarchique et de son principe ne serait-il
» pas toujours vivant ? La religion chrétienne qui,
» en prescrivant aux rois eux-mêmes des devoirs,
» a enseigné aux nations qu'elles avaient des droits,
» est-elle comme celle de Mahomet, compatible avec
» la puissance absolue ? »

Ces questions et tant d'autres qui pourraient en
augmenter le nombre, ont été décidées par le sou-

verain légitime, et la liberté du gouvernement monarchique a levé sa tête majestueuse. La charte a
comblé les vœux de la France, lui a fait oublier
ses maux, l'a remplie d'amour et de vénération
pour son Roi, a pacifié l'Europe, a reconcilié le
peuple français avec tous les peuples, a ranimé
toutes les espérances ; c'est à nous de nous montrer
dignes de l'amour du souverain qui nous rappelle
à notre antique gloire, aux mœurs et aux vertus
qui rendent les nations respectables. Si nos mœurs
sont corrompues, corrigeons-les. Cette correction
dépend de la puissance publique ; elle peut les corriger, comme elle peut les corrompre ; la seule chose
qui lui serait impossible en France, c'est de les corrompre assez pour y donner de la durée à la puissance absolue ; la légéreté même qui est reprochée
à notre caractère, serait, si elle était vraie, un
obstacle à cette corruption profonde qui supporte le
despotisme.

C'est à cela que s'opposent le plus fortement, et
le principe du gouvernement, et son origine, et la
religion même, et les mœurs, et les habitudes, et
jusques au nom même de Français.

Tant que Bonaparte a occupé la nation à la guerre,
tant qu'il a occupé au dehors son ardeur militaire,
son courage, sa valeur ; tant qu'il a pu lui faire
illusion en flattant sa passion naturelle pour la gloire
des armes, il a pu exercer au dedans une puissance
sans bornes ; mais si la guerre avait cessé, croit-on
que ces guerriers, couverts de lauriers et de bles-

sures, eussent voulu être les esclaves d'un Corse ? Croit-on qu'ils eussent voulu tourner leurs armes victorieuses contre leurs concitoyens ? déshonorer la victoire et le nom de Français ? Eut-on pu, dans le repos de la paix, faire des vils esclaves d'un si grand nombre de vaillans guerriers ? Non, ils n'auraient pas courbé la tête sous le joug du despotisme, et le conseil donné à Bonaparte, par un député plein d'énergie, *d'assurer la liberté de la nation*, était le seul qui pût encore sauver l'usurpateur lorsqu'il était pressé par toutes les forces réunies de l'Europe ; heureusement il ne le suivit pas : c'est par le souverain légitime que la France devait être délivrée et du joug et des mœurs de l'esclavage.

Bonaparte avait fait tout ce qu'il pouvait faire pour corrompre les mœurs ; c'était ce que devait faire un usurpateur. Il enrichissait tous ses partisans, tous les fonctionnaires publics, sur-tout les militaires dont il flattait la passion dominante, l'illusion de la gloire. Il ordonnait à ses préfets de corrompre les citoyens par la vanité, par le luxe et par les fêtes ; mais il n'eût, pas même par un long règne, pu parvenir à corrompre assez nos mœurs pour nous faire oublier jusques à notre nom qui nous rappelera sans cesse à la liberté du gouvernement monarchique, à une gloire qui ne saurait s'allier avec l'esclavage.

Le Roi a bien jugé de son peuple, en le ramenant au principe du gouvernement monarchique. La

France n'a jamais existé sans une représentation nationale, vraie ou factice. Lorsque les états-généraux ont cessé, on a fait croire à la nation que les parlemens étaient ses représentans ; et Bonaparte, avec le despotisme dans la tête et dans le cœur, victorieux, maître pour ainsi dire de l'Europe, disposant des plus nombreuses armées qu'on eût jamais vues sous les mêmes drapeaux, composées d'étrangers pris dans toutes les parties de l'Europe, n'eût pas osé priver la France d'une représentation qui, quoique factice, conservait du moins le souvenir du principe du gouvernement. Sa politique devait être de corrompre la nation, de l'amener à l'avilissement par le chemin des vices ; celle du souverain légitime est de la relever, de la ramener à la véritable gloire par le chemin des vertus publiques et privées, qui conviennent au gouvernement monarchique. On ne fera jamais rien de grand qui puisse avoir de la durée, avec une nation qui ne s'estimerait pas elle-même.

Je n'entrerai pas dans la question si la représentation nationale est bien ou mal organisée, il me suffit d'avoir prouvé, comme je crois l'avoir fait, d'une manière invincible, que la représentation nationale est la base, l'origine et le principe du gouvernement français.

Dieu a livré le monde à la dispute et à l'erreur.

Des corps de magistrature ont fait brûler des sorciers ; des ministres d'un Dieu plein de bonté, de miséricorde, d'amour, de tolérance et de paix, ont fait brûler des hérétiques et des juifs. Combien l'homme devrait se méfier de la science et de la raison ! Dans combien de pays n'a-t-on pas offert à la Divinité des victimes humaines, comme si elle était altérée de carnage et de sang ! Les druides, les prêtres des Gaulois, ensanglantaient les forêts du sang des hommes avant l'introduction de la religion chrétienne ; combien ces peuples devaient être barbares !

Une imagination brillante peut nous transporter avec les druides au milieu de ces antiques forêts, et nous pénétrer d'un saint respect ; elle peut répandre les plus belles couleurs sur les querelles interminables de nos sauvages ancêtres, sans parler de cet esprit de vengeance qui les faisaient naître et les entretenait : passion dominante de l'homme sauvage, que les lois, la religion même ont bien de la peine à modérer dans l'homme civilisé. Les peintres et les poëtes ont des priviléges, l'histoire n'en a point ; malheureusement elle nous retrace sans cesse et par-tout, les mêmes scènes affligeantes, des maux que produisent les passions et les nombreuses erreurs de l'esprit humain.

Les philosophes, pour arriver à la tolérance, ont voulu détruire la religion même. Le fanatisme religieux ou politique est une autre philosophie plus haineuse, plus barbare, plus féconde en désordres et en crimes. Ces mêmes philosophes ont voulu parvenir à la liberté par les désordres et les crimes de la licence ; quel pourrait être aujourd'hui le but

de ceux qui chercheraient à entretenir les discordes ?
Tout excès est un mal, et jusques dans la vertu ;
telle semble cependant la destinée de l'homme, de
ne jamais s'arrêter et se fixer au point où serait le
bien.

Nous cherchons tous le bonheur ; il est dans la
paix ; mais ce n'est pas là qu'on le cherche : il faut
des richesses, des honneurs, de la vanité, du pouvoir ; il faut satisfaire l'amour propre, subvenir à
des besoins factices que l'excès de la civilisation a
créés autour de nous, à des désirs qui, comme la
soif des hydropiques, s'accroissent à mesure qu'on
peut les satisfaire, que nos vices font naître et qu'accroissent nos vices. Voilà la source où nous croyons
puiser le bonheur.

« L'honnête homme, dira-t-on, languit dans
» l'obscurité, souvent dans la misère ; l'intrigant
» sans mérite est comblé d'honneurs et de richesses ;
» l'homme qui remplit tous ses devoirs est délaissé,
» et l'on voit prospérer celui qui les a tous violés. »

Eh bien ! croyez-vous heureux cet intrigant et cet
homme qui a manqué à ses devoirs ? N'êtes-vous
pas plus heureux vous qui les avez remplis, vous
qui trouvez dans votre conscience la satisfaction de
les avoir remplis et la disposition constante de les
remplir toujours ? Croyez-vous que la vertu soit
un malheur et le vice un bonheur ? Croyez qu'on
peut être heureux dans l'obscurité, dans la misère
même, malheureux au faîte des honneurs et dans
l'opulence ; croyez que l'ambitieux n'est pas sans

tourment alors même que tous ses projets ont réussi, et que l'homme qui jouit de la paix n'en a pas beaucoup ou en a beaucoup moins. (1)

CONCLUSION.

LA représentation nationale n'est pas sans inconvénient sans doute ; mais quelle institution humaine n'en est pas remplie ! les hommes corrompent même les institutions divines. Si nous parcourions toutes les institutions humaines, nous trouverions que toutes ont les inconvéniens les plus graves ; nous verrions l'empire romain sans cesse en révolution, seize successeurs d'Auguste assassinés l'un après l'autre sur les vingt - six premiers empereurs après lui, une insolente soldatesque disposant de l'empire, et souvent le vendant aux enchères ; nous verrions ce peuple jadis roi, mettre l'état en péril pour avoir du pain et des spectacles, Constantinople la proie des flammes pour une vile querelle des courses et de couleurs. Le despotisme oriental nous offrirait un spectacle bien plus affligeant encore pour l'espèce humaine, des scènes continuelles d'horreurs et d'atrocités.

S'il pouvait exister un congrès composé de tous les sages du monde, ils choisiraient sans doute le gouvernement monarchique héréditaire avec la re-

____

(1) O fool who think god hates the worthy. MIND.
The lover and love of human kind.   (POPE.)

présentation

présentation nationale, malgré les inconvéniens qui sont inséparables de toute institution humaine.

Mais plus que tout autre gouvernement, la monarchie héréditaire a besoin d'être fondée sur des principes fixes et des lois positives, qui ne peuvent exister qu'avec la représentation nationale. C'est cette union de la puissance d'un seul et de celle des lois qui en fait, non un gouvernement parfait (puisqu'il n'y a point de perfection dans les choses humaines), mais le gouvernement le moins imparfait que les hommes aient conçu, le seul gouvernement qui aie su allier la liberté avec l'ordre et l'obéissance, la sûreté, le bonheur des souverains et celui des sujets ; établir entre le souverain et les sujets une réciprocité d'amour et d'affection ; faire connaître à la masse entière du peuple, et jusques au dernier des sujets, ce sentiment si noble, si pur, si élevé, si fécond en grandes choses, l'amour de la patrie, uni à l'amour, à la fidélité pour le souverain.

Comparons ce gouvernement à tous les autres, et ses immenses avantages se montreront à tous les esprits ; il est le résultat de l'expérience de tous les siècles : les peuples n'y sont parvenus que par cette longue expérience des malheurs que tous les autres gouvernemens ont versé sur le genre humain.

Le gouvernement monarchique peut supporter la corruption des mœurs que la prospérité amène après elle, avec les sciences, les lettres et les arts ; ce que ne peut supporter, sans se détruire, tout gouvernement populaire. Le gouvernement despotique , avec le dernier degré d'avilissement et de dépravation des mœurs , ne peut supporter , sans tendre à sa ruine , la prospérité , les lettres , les sciences et les arts.

Le gouvernement monarchique a encore sur tous les autres cet avantage inappréciable de pouvoir se surveiller sans cesse, *et se corriger par ses propres lois.*

Je n'ai pas besoin de dire que par gouvernement monarchique j'entends la monarchie établie par la charte ; tout autre gouvernement n'est pas monarchique, il est despotique ou populaire. Montesquieu a dit avant moi, et je puis le répéter après un si grand maître, *que l'union de la puissance exécutrice à la puissance législative , constitue le despotisme.*

Il n'en est pas des peuples comme des individus ou des familles , quoique les mêmes causes agissent également ; mais il y a une très-grande différence, en ce que les nations ont une vie plus longue : quelques siècles pour une nation , ne sont pas même ce que sont quelques années pour les individus et les familles.

Les nations naissent , s'élèvent , tombent en décadence , meurent , ressuscitent , s'élèvent de nouveau , meurent encore et ressuscitent encore comme la chenille , sous de nouvelles formes. Nous sommes les descendans des Gaulois , des Phocéens , des Grecs , des Romains et des Barbares. Nous ignorons sous quelle dénomination nos successeurs formeront un peuple dans la suite des siècles, et sous quelle forme de gouvernement ils vivront. Cette connaissance, à la vérité, nous importe peu ; mais toutes celles qui peuvent faire le bonheur public des temps où nous vivons et des générations suivantes auxquelles nous nous intéressons, sont pour nous d'une grande importance.

Je ne sais point si l'on peut jouir d'un bonheur particulier, isolé, sans intérêt pour le bonheur de ses concitoyens, qui est le véritable amour de la patrie ; mais je vois une dépendance si grande du bonheur public au bonheur particulier, qu'il me paraît bien difficile de concevoir leur séparation.

Quelques individus en petit nombre *relativement*, peuvent être riches, puissans, non-seulement lorsqu'il n'y a point de bonheur public, mais même par l'effet du malheur public ; mais les richesses et la puissance sont bien loin d'être le bonheur.

La puissance et les richesses sont naturellement exclusives ; le bonheur, au contraire, est expansif, on aime à le partager. Il est comme le feu et la lumière : plus on les partage, plus on en augmente la masse.

On peut vivre dans la retraite, jouir d'une paix particulière même au milieu des troubles publics, et cette paix est sans doute un bonheur ; mais il faut convenir qu'il n'est que relatif, et que ce bonheur serait bien plus grand si la paix était générale. On peut être dans l'abondance pendant qu'une affreuse misère est autour de vous et sans cesse sous vos yeux , mais je doute que personne appelât cette abondance un bonheur , si elle ne sert à soulager la misère des autres ; ou ce ne serait du moins qu'un bonheur relatif , non-seulement bien imparfait , mais que tout le monde jugerait barbare , inhumain.

NOTES.

(a) C'est l'erreur de ce siècle et du précédent, que les forces d'un état consistent dans de nombreuses troupes réglées. Pour en sentir le faux, il suffit de jeter les yeux sur l'histoire des guerres de l'Europe depuis quatre ou cinq cents ans : il n'y a plus de salut pour le vaincu que dans un prompt traité de paix ; son état ouvert à l'ennemi, n'a plus que des bourgeois timides ou des paysans sans émulation à opposer à des soldats.

Lorsque les souverains ne prenaient sur eux que de guider leurs sujets dans la défense de l'état, ils comptaient autant de soldats que de sujets ; l'ennemi trouvait à combattre aussi long-temps qu'il cherchait à vaincre ; chaque village coûtait un siége ; tant qu'un souverain conservait un coin de son pays, il pouvait espérer de chasser son ennemi de ce qu'il en occupait, et de recouvrer ce qu'il avait perdu.

La différence entre le règne de Charles VII et celui de Louis XIV, met en évidence la vérité de ce contraste. Maître des plus belles provinces de France, roi reconnu et obéi dans Paris, le roi d'Angleterre voit dans son ennemi réduit à la seigneurie de Bourges, un champion redoutable qui lui tenait tête. Louis XIV voit sa frontière entamée par deux généraux, et il se hâte d'offrir le fruit de vingt victoires pour prix de leur retraite ! Il n'a pas encore perdu une bataille sur ses terres, et il juge qu'il ne lui reste qu'à mourir glorieusement par un coup de témérité et de désespoir ! L'ennemi est encore à deux journées des frontières que le royaume avait lorsque Philippe-Auguste triomphait de tous les efforts de l'Europe combinée contre lui, et Louis-le-Grand croit impossible d'en empêcher la conquête ! Plus de deux cents lieues derrière lui et plus de cent à l'un et à l'autre de ses côtés, ne lui semblent pas assurer une retraite honorable ; Landrecy et le

Quesnoi décident du sort de la France ! Il ne peut donner des habits d'uniforme à des milliers de sujets qui ne demandent qu'à prendre l'ennemi à dos et en flanc, et à le ruiner même sans combattre ! il n'ose employer leur zele ! etc. etc.

(Tiré du testament du cardinal Alberoni.)

Une seule bataille avait perdu la monarchie prussienne, que tant de victoires avaient établie.

Une seule bataille a réduit Bonaparte à fuir comme un voleur, après vingt années de victoires.

On avait vu Louis XIV réduit à demander la paix ; pour ainsi dire à genoux, à la petite république de Hollande.

Venise qui n'est plus rien, confondue aujourd'hui dans les vastes états de la maison d'Autriche, avait jadis résisté à l'Europe combinée.

Le fruit de vingt ans de victoires est pour nous d'avoir détruit les petits états et agrandi les grands états ; il nous en reste la ruine des finances et du commerce, et des limites plus resserrées ; beaucoup de gloire, mais de cette gloire qui détruit les empires, anéantit la liberté et conduit à la servitude.

Il serait facile à la France d'avoir au besoin six ou sept cent mille soldats pour sa défense, qui ne coûteraient rien au trésor public, et qui ne cesseraient pas d'être employés à l'agriculture, à l'industrie, au commerce, aux sciences et aux arts.

(*b*) La responsabilité des ministres suppose la représentation nationale. Quel serait le juge impartial entre la nation et le gouvernement ?

Elle suppose la division de la puissance législative. Où serait l'accusateur ? où serait le juge ? Un tribunal juge des affaires particulières, peut-il être le juge d'un semblable procès ?

Les délits relatifs à la liberté de la presse supposent la procédure des jurés. Un tribunal de juges permanens, ne peut être juge de ces délits, sans détruire cette liberté même en l'établissant. Ainsi, une institution s'enchaîne à toutes les autres ; ôtez un chaînon, et tout l'édifice s'écroule.

L'acte que j'ai déposé chez un notaire au mois de mai 1789, contient toutes les dispositions de la charte : la di-division de la puissance législative en deux branches séparées par des intérêts différens, et des attributions différentes ; la procédure par jurés ou pairs ; la liberté de la presse, avec des lois propres à en prévenir les abus et à les punir, etc. ; l'attri-bution aux jurés de tous les délits qui peuvent provenir de la liberté de la presse ; l'impossibilité et les dangers de don-ner cette attribution aux tribunaux ordinaires ; enfin la res-ponsabilité des ministres accusables devant l'une des branches de la puissance législative par l'autre branche.

Je disais dans cet acte : *Voter par tête, c'est tomber dans l'inconvénient qui a été la cause de la ruine des républiques anciennes, où la puissance législative se détruisait elle-même par trop de force, de mouvemens et d'activité.*

Puissent-elles disparaître devant l'auguste vérité et la justice, ces images désolantes de la discorde, comme le soleil pénétrant les plus sombres nuages, les orne de bril-lantes couleurs et les dissipe.

POST-SCRIPTUM.

Mon ouvrage s'imprimant très-lentement, j'ai encore le temps de m'associer à la discussion sur la liberté de la presse.

Les orateurs ont développé dans la Chambre des députés, des connaissances, des talens, qui forceraient les hommes les plus prévenus, soit en France, soit dans les pays étrangers, à avouer que les Français ne sont pas impropres au gouvernement monarchique dans tous ses principes, et qu'aucun genre de gloire ne leur est étranger ; qu'ils savent allier les conceptions fortes aux agrémens de l'esprit, les principes de l'ordre social à l'esprit de société, le courage du guerrier à celui du citoyen, l'amour de la patrie à celui pour le souverain.

Cependant c'est un si vaste champ, que j'y trouverai encore à glaner.

J'avais destiné un ouvrage à soutenir la liberté de la presse, en 1814. Cette liberté fut interdite ; le ministère fut privé de tout ce qui peut dissiper les erreurs, l'avertir des dangers, et lui faire connaître les moyens de les prévenir ou de les surmonter. Quel avantage n'avait pas à cette heureuse époque le gouvernement légitime succédant à la tyrannie !

Les ministres ont à se garantir de leurs erreurs, de l'amour du pouvoir, et d'une présomption trop naturelle à l'esprit humain. Les journaux leur feraient connaître les divers partis qu'ils doivent tempérer et éteindre , les avertiraient de leurs fautes ; ils serviraient comme de fanaux dans cette mer orageuse sur laquelle ils dirigent le vaisseau de l'Etat. Il n'y a pas de liberté pour la presse, lorsque les journaux sont asservis.

On ne voit pas pourquoi une loi répressive de l'abus ne pourrait pas atteindre les auteurs de journaux, et leur laisser l'usage du droit : la plume est une arme comme le sabre et l'épée.

Indépendamment de l'avantage de cette liberté de la presse pour le gouvernement , les journaux peuvent seuls garantir les citoyens contre les actes arbitraires , sur-tout dans le gouvernement monarchique qui suppose une vaste étendue de territoire. Les citoyens n'ont presque pas de communication entr'eux d'une province à une autre, quel sera le refuge d'un citoyen isolé contre un acte arbitraire ? Un écrivain prendra-t-il sa défense ? Non sans doute, nous sommes trop égoïstes , nous avons trop de ménagemens à garder ; à quoi servirait d'ailleurs cette défense ignorée de ce qu'on appelle le public ? Il faut que le ministre , que le fonctionnaire public qui veut exercer un acte arbitraire (et il faut le dire , tout fonctionnaire public en a la tentation continuelle), il faut, dis-je , pour qu'il puisse résister à cette tentation si naturelle au cœur humain, qu'il soit retenu par la crainte de la publicité ; c'est alors seulement que tous les citoyens deviennent solidaires , *et que la nation ne formant qu'un corps sensible et irritable, est toute offensée, par un acte arbitraire exercé sur un seul.* (1)

Il est temps de développer la doctrine de notre Charte, et sur-tout de n'y pas laisser introduire cette immense confusion qui rend si embarrassante la doctrine des lois civiles.

Faut-il encore une suspension du droit pour les journaux ? Nul inconvénient à l'accorder jusques à la prochaine session ; la Chambre l'a accordée presqu'unanimement, quoique persuadée qu'on pourrait accorder le droit et réprimer l'abus ; mais il ne faut pas que la suspension des droits fasse craindre leur anéantissement ; cette crainte est peut-être le plus grand des maux qui tourmente aujourd'hui la France.

On ne peut entendre énoncer sans une extrême surprise, *que la procédure des jurés est une institution nouvelle, une mauvaise institution étrangère à la France.*

Cette institution est celle de la loi salique, celle du code des Bourguignons. Inconnue des peuples anciens comme la représentation nationale, elle est la plus ancienne des institutions de toutes les monarchies modernes : de la France, le plus ancien de tous les gouvernemens modernes, elle est passée chez tous les autres peuples de l'Europe : c'est de nous que les Anglais ont reçu tous les principes de leur gouvernement ; le roi y exerce encore de nos

---

(1) Delolme.

jours la plus précieuse prérogative de la couronne en langue française.

Montesquieu n'a pas écouté les préventions d'un magistrat, lorsqu'il a écrit *que l'accusé doit être jugé par ses pairs ;* Beccaria, l'écrivain le plus recommandable en cette matière, n'a pas jugé que cette institution fût mauvaise , lorsqu'il a écrit : *heureuse la nation où la loi veut que l'accusé soit jugé par ses pairs.* Les Anglais savaient bien que cette institution n'était pas nouvelle, lorsqu'ils l'ont réclamée au 12.e siècle comme la plus ancienne , dans cette charte de Jean Sans-Terre , où il est statué qu'aucun citoyen ne pourra être jugé que par ses pairs : *nisi per judicium parium suorum.* Disons avec Blakstone : *elle est le palladium de toutes nos libertés ;* elle est la conservatrice de l'honneur et de la vie des citoyens.

L'institution des jurés non – seulement n'est pas nouvelle en affaires criminelles , mais elle fut en affaires civiles celle de toutes les monarchies modernes dans leur origine.

Si elle l'était encore , la justice serait ce qu'elle est effectivement dans la monarchie, une émanation de la puissance exécutrice ; alors des juges inamovibles seraient délégués par le Roi pour rendre, en son nom , la justice à ses sujets , et des jurés pris parmi les jurisconsultes les plus estimables , formeraient des tribunaux plus à l'abri des sollicitations , qui se rapprocheraient à volonté des justiciables.

Dans les affaires criminelles , le citoyen doit être

jugé par ses concitoyens non magistrats : devant les juges du gouvernement, et sur-tout lorsque le gouvernement serait partie, *quel est le citoyen qui ne craindrait pas d'être accusé d'avoir volé les cloches de Notre-Dame ?* (1)

Tous les peuples de l'Europe moderne, tous les états de province obtenaient à chaque règne des confirmations de leurs *usages, priviléges et libertés.*

Nos libertés, dit Blakstone, *subsisteront tant que la liberté de la presse sera sacrée.*

Nuestros fueros y libertades, disaient les Espagnols. Pourquoi serions-nous plus portés vers la servitude que ceux qui nous ont précédés, si ce n'est parce que nous sommes plus corrompus ?

La liberté de la presse est inséparable de l'institution des jurés ; car il faut aux abus de cette liberté des juges indépendans du gouvernement.

Aussi la nation entière tremble pour sa liberté, aussitôt qu'elle croit voir compromises la liberté de la presse et l'institution des jurés.

Comme l'abus détruirait le droit, la nation ne peut voir qu'avec plaisir une bonne loi qui, punissant avec justice l'abus, serait conservatrice du droit.

Après trente années de désordres, il est facile de distinguer ce que la nation a toujours voulu,

---

(1) Le président Hainaut dans son abrégé chronologique de l'histoire de France.

des diverses volontés des factieux et des tyrans qui l'ont désolée.

La nation ne peut vouloir que ce qui fait son bonheur, sa prospérité et sa gloire : elle est à cet égard comme le Roi.

Lorsque la licence usurpe le nom de liberté, ce n'est pas la nation qui peut le vouloir ; lorsqu'on abuse du pouvoir, ce n'est pas le Roi qui le veut, car *c'est un crime de lèse-majesté envers lui.* (1)

Ce que la nation veut, elle l'a toujours voulu, elle ne peut cesser de le vouloir : elle veut que le fardeau des contributions soit partagé par tous les citoyens, en proportion de leurs facultés et de l'avantage qu'ils retirent de la société ; que les lois protègent également tous les citoyens, que tous puissent être appelés à servir l'Etat ; que ses représentans soient appelés à déterminer les besoins de l'Etat et à consentir aux lois ; que l'administration de la justice soit impartiale, qu'elle n'alimente pas les discordes et ne ruine pas les familles ; que la propriété soit sacrée ; que chaque citoyen puisse librement exercer toutes les facultés qu'il tient de la nature, au profit de l'agriculture, du commerce et de l'industrie, et que le monopole n'éteigne pas ses facultés, et ne lui défende point de vivre en lui défendant de travailler. (2) Elle veut qu'aucune volonté arbitraire

____

(1) Montesquieu.

(2) C'est ce que font les maîtrises, jurandes et autres établissemens semblables, qui réduisent le travail et l'industrie en priviléges, comme si ce n'était pas le droit de la nature.

ne s'élève au-dessus des lois, parce que c'est là l'origine de tous les désordres; elle veut son souverain légitime, elle veut le respecter et l'aimer; elle déteste les factieux de toutes les couleurs; elle veut enfin la Charte, dans laquelle elle trouve l'expression de toutes ses volontés.

S'il y a quelque vice dans la Charte, elle veut qu'il puisse être corrigé, parce que ce vice ne peut être ni la volonté de la nation, ni la volonté du Roi, mais elle veut la paix, le repos, la tranquillité, le bon ordre; elle ne peut vouloir que ce vice, quel qu'il soit, soit corrigé dans le tumulte des passions, mais dans le calme de la sagesse; elle a voulu secouer le joug du despotisme ministériel sous la puissance légale de son Roi et sous sa protection; elle a distingué la volonté des ministres de celle de son Roi; que les ministres fussent responsables, et le Roi, non-seulement irresponsable, mais à l'abri du plus léger soupçon de vouloir jamais autre chose que le bonheur public; elle veut que les ministres soient l'objet de sa surveillance, et que le Roi soit environné de toute la confiance; que le nom du Roi ne soit jamais prononcé qu'avec une vénération presque religieuse, et que les ministres ne cherchent pas à couvrir leur propre autorité, de l'autorité trop respectable de ce nom, sous laquelle s'évanouirait leur responsabilité; elle veut que l'impôt et les lois soient *librement* consentis, et pour être *librement consentis*, il faut qu'ils soient *librement discutés*.

Telle a été de tous les temps la volonté générale

de la nation , telle elle est et telle elle ne peut cesser d'être ; car une nation ne peut vouloir le désordre, la licence, l'anarchie, ou la tyrannie.

Je le répète, la Charte est l'expression de cette volonté ; c'est sa doctrine qu'il ne faut pas corrompre par les subtilités introduites dans l'administration de la justice.

Quatre colonnes principales soutiennent majestueusement cet édifice : *la liberté de la presse , la procédure des jurés , la responsabilité des ministres , la prérogative royale.* Si l'une de ces colonnes pouvait être ébranlée , tout l'édifice s'écroule.

Enfin , corrompre le pouvoir du Roi ou en compromettre la majesté , est, selon Montesquieu , *un crime de lèse - majesté envers lui ; puisque en augmentant, sous ce prétexte , le pouvoir ministériel, on diminue la sûreté du monarque.* (1)

La Charte n'a introduit parmi nous aucune institution qui ne soit antique ; elle n'a fait que consacrer nos plus antiques droits. *Quel est le roi ou le seigneur,* dit Dubelai dans ses mémoires , *qui puisse établir octroi sur le peuple sans son consentement ?* Mais tout était dans la confusion : nos états-généraux étaient tantôt faibles , tantôt audacieux ; on a entendu, en 87 et 88, soutenir dans la capitale , et jusques dans les plus respectables sociétés, une doctrine sur la puissance des états-généraux , subversive de la royauté. L'ordre ju-

______

(1) Esprit des lois.

diciaire n'était pas resté à sa place ; il s'était en quelque sorte glissé entre le Roi et les états - généraux , et l'on a vu les armées du Roi et celles du parlement. Notre histoire est remplie de faits contradictoires qui détruisent une doctrine par une autre : rien n'était défini , tout était priviléges , rien n'était droits ou libertés ; la puissance législative était par-tout , et n'était nulle part ; la puissance judiciaire était législative , et la puissance législative était exécutrice. L'abus de la puissance, *l'autorité que les rois avaient prise , avait changé tout l'ordre des choses.* (1)

La Charte a fixé les idées , elle a consacré les droits ; mais elle n'est que la base sur laquelle il faut élever l'édifice. On peut, par des lois , empêcher qu'il ne s'élève; on peut détruire la liberté de la presse , la procédure des jurés, la responsabilité des ministres, étendre ou restreindre la prérogative royale.: c'est là l'objet des craintes de la nation, qui tient la masse en méfiance , les partis en haleine, les factieux en espérance. On ne saurait donc trop s'empresser d'élever l'édifice, et de fixer la doctrine qui découle des principes établis par la Charte. Alors tout rentrera facilement dans l'ordre et dans le calme , parce que le Roi et la nation ne pouvant avoir qu'une même volonté, et ne pouvant cesser d'avoir cette même volonté toujours permanente ,

______

(1) Fénélon , direction pour la conscience d'un roi.

il est dans la nature des choses que rien ne soit stable que lorsque cette volonté sera remplie.

Tous les publicistes ont remarqué qu'un des plus grands vices des anciens gouvernemens populaires, étaient que le peuple à qui l'on présentait des lois dans ses assemblées, étant dans l'incapacité de les discuter, plus encore à cause du nombre qu'à cause de l'ignorance, se trouvait forcé d'admettre ou de rejeter la loi; en mettant dans une loi quelque article très-populaire, on faisait passer la plus mauvaise loi; le peuple était forcé d'admettre une mauvaise loi pour quelques articles utiles, ou de rejeter une bonne loi pour quelques articles nuisibles. Le gouvernement monarchique a remedié à cet inconvénient.

Mais il faut en convenir, la liberté est presque toute en opinion : *on est libre lorsqu'on croit l'étre.* (1) Comment un peuple qui n'aurait pas la liberté de la presse, pourrait-il avoir l'opinion de sa liberté! Il ne peut avoir cette opinion *que par la liberté de la presse, la procédure des jurés et la responsabilité des ministres.*

Si la responsabilité des ministres semble garantir la nation contre l'abus de leur autorité, la *prérogative royale* est sa garantie contre ses députés. La nation a appris, par trop d'expérience, combien elle doit être en garde contre ses propres députés. C'est dans ce sens que Rousseau a dit *qu'un peuple*

____

(1) **Montesquieu.**

n'est plus libre lorsqu'il a des représentans ; dans tout autre sens on lui ferait dire une absurdité. *Les peuples anciens avaient des esclaves,* a dit encore Rousseau ; *et vous, vous l'êtes.* Ces mêmes prétendus représentans qui ont désolé l'Amérique pour donner la liberté aux esclaves, mettaient à même temps tous les Français en esclavage. Comment exercer le vingt-neuf millionième de la souveraineté ? Comment conserver la paix entre tant de souverains ? Rousseau aurait-il dit une si grande absurdité ? La source de la puissance est dans la masse du peuple ; c'est à cette masse qu'il faut s'adresser pour avoir des magistrats, des soldats et de l'argent ; c'est pour elle qu'il existe un gouvernement ; mais c'est dans les mains du Roi qu'est le réservoir de cette puissance ; et ce n'est encore que dans ce sens que Rousseau a pu parler de la souveraineté pour un gouvernement monarchique.

J'espère qu'on s'apercevra facilement que mon désir est la paix. Je sens toute mon insuffisance pour un si noble but, et malheureusement si difficile. Puissent les bons écrivains unir leurs efforts pour l'atteindre !

Mais combien cette tâche paraîtra difficile si l'on réfléchit que les paroles *d'oubli et d'union* qui se font entendre de la tombe même du Roi martyr, et que notre bon Roi ne cesse de faire entendre et de faire proclamer dans les provinces par le Héros du Midi, que ces paroles, dis-je, si respectables, ne peuvent appaiser nos discordes !

Mais dans le trouble des passions qui nous agitent, il est une pensée bien rassurante : la Charte a fixé les principes autour desquels se rallieront toujours tous les bons esprits , tous les bons citoyens ; nous ne sommes plus sans boussole pour nous diriger sur la mer des tempêtes.

Un orateur de la Chambre des députés (M. de Bonald) a très-bien observé , *qu'il est plus difficile de connaître son devoir , que de le remplir ;* il est impossible aujourd'hui de le méconnaître.

La providence , pour nous châtier , nous avait donné un tyran ; la fortune aveugle a quelque temps secondé sa puissance, mais c'est la sagesse divine qui l'a rendue au souverain légitime ; elle saura l'y maintenir.

Le gouvernement que le Roi nous a donné , ou pour mieux dire rendu, est un gouvernement mixte, qui réunit tous les avantages des trois formes : la puissance exécutrice dans les mains d'un seul , l'hérédité de cette puissance, la sagesse dans la formation des lois , et cet esprit public qui dans les temps anciens semblait incompatible avec les monarchies, qui fait supporter le fardeau des charges publiques, l'allége, quelque pesant qu'il soit , et qui rend un peuple invincible dans ses foyers.

Si dans le cours de cet ouvrage j'ai dit *que les bons soldats doivent être tirés du corps du peuple ,* Montesquieu a dit : *il faut que les armées soient peuple , et qu'elles aient le même esprit que le peuple.*

Les ministres ont dans ce gouvernement l'immense avantage de faire naître dans les Chambres les lois qu'il peut paraître inpopulaire ou dangereux pour leur autorité de proposer eux-mêmes, quoique justes, utiles ou nécessaires ; ce n'est que la vanité de tout faire qui peut les priver de cet avantage, et l'initiative que la Charte laisse aux Chambres est suffisante pour profiter de cet avantage toutes les fois que les ministres voudront en profiter ; ils auront toujours la majorité toutes les fois que le bien public sera apparent, et qu'ils ne se mettront pas en lutte corps à corps avec les passions. Les Chambres sont les voiles, les mâts, les agrès du vaisseau que les ministres sont appelés à gouverner.

Dans des essais précédens, je n'ai cessé de parler de la cupidité, devenue sous l'usurpateur l'unique ressort du gouvernement ; ressort qui ne peut tendre qu'à affaiblir et désorganiser les Etats. Les plus nobles motifs, l'honneur, le devoir, cessent d'influer sur les actions des hommes. Cette monnaie si précieuse, qui ne coûte aux peuples aucun sacrifice, se déprécie, et l'avidité gagne et corrompt toutes les classes de la société. Le trésor public s'épuise pour récompenser les fonctions qui ont reçu ou qui reçoivent un salaire ; et ce n'est que dans le peu qu'il est resté de fonctions gratuites, que la fidélité, le dévouement au souverain légitime, l'honneur et le devoir, ne peuvent même recevoir un honorable encouragement.

Cet état des choses que nous ont laissé nos dé-

sordres , changera , comme une suite de nos institutions. En attendant , fidélité , dévouement, honneur et devoir , portent leur prix. Le directeur su-
prême des choses humaines jette du haut des cieux un
regard favorable sur la vertu , et la protége ; rien
n'est obscur ni caché à ses yeux.

Il est des sujets sur lesquels on restreint l'expression de la pensée , dans la crainte d'être défavora-
blement interprété par l'esprit de parti ; cependant
il me semble que mes principes , et sur-tout une
conduite qui ne s'est jamais démentie , doivent me
mettre à l'abri de toute interprétation défavorable :
je veux donc dire encore un mot sur un sujet de
la plus haute importance.

Il est des gens qui pensent que la certitude de
la légitimité doit avoir pour base la force militaire,
des soldats et leur fidélité. Il faut sans doute des
soldats , et des soldats fidèles ; ils sont l'appui de
la puissance au dedans et au dehors ; mais ils ne
doivent pas en être la base. Il n'y a de fondement
solide que l'affection des peuples , et rien au monde
n'est peut-être plus aisé aux gouvernemens que de
se concilier cette affection.

Lorsque Tibère eut avili le sénat , la garde pré-
torienne disposa de l'empire.

Il est possible qu'un usurpateur corrompe et entraîne dans son parti des soldats sur la fidélité desquels vous aviez établi toute votre confiance, alors
il n'y a plus de ressource ; mais si vous l'avez

établie sur l'affection des sujets , tout espoir de succès est fermé à l'usurpation.

Oserai-je ouvrir un avis en poursuivant cette pensée ? C'est dans les Chambres qu'est le plus solide fondement de la puissance légitime ; mais il est nécessaire qu'elles aient toute la latitude de la part qu'elles doivent naturellement prendre à l'exercice de la puissance législative , et toute la consistance qui leur est convenable. Si la nation pouvait n'y voir qu'un fantôme de représentation , elles seraient ce que devint le sénat de Rome : il faut que la nation se croie représentée.

Je pense que des assemblées provinciales seraient un grand moyen de plus. Un seul administrateur a bien peu d'influence sur l'esprit public.

« Si les princes dépouillés de leurs Etats, deve-
» naient assez prudens pour connaître avec quelle
» facilité on les conserve, ils en regretteraient beau-
» coup plus la perte, et se condamneraient eux-
» mêmes plus qu'ils ne pourraient être blâmés par
» les autres. Il est aisé de se faire aimer des bons
» et craindre des méchans : Timoléon de Corinthe
» et Aratus sont de bons exemples. Les hommes
» bien gouvernés ne cherchent pas autre chose. Ces
» deux princes furent même obligés de garder la
» puissance , lorsqu'ils auraient voulu rentrer dans
» la vie privée. » (1)

____

(1) Machiavel , discours politique, liv. 3 , chap. 5.

www.ingramcontent.com/pod-product-compliance
Lightning Source LLC
Chambersburg PA
CBHW071500030726
47593CB00003B/1071